U0724315

学术顾问：李学勤

罗哲文 俞伟超 曾宪通 彭卿云

中华文化走向世界

中华文明是人类历史上最伟大的文明之一，是人类文明发展的主要构成。中华文明丰富、深刻、辉煌、博大，在人类文明中的骨干作用和领导作用为人所共知。在人类文明的发源时期，中华文明就是四大古文明之一，是地球上文化的策源地之一。

李 默／主编

广东旅游出版社
GUANGDONG TRAVEL & TOURISM PRESS
悦读书·悦旅行·悦享人生

中国·广州

图书在版编目（CIP）数据

中华文化走向世界 / 李默主编 . — 广州：广东旅游出版社 , 2013.1（2024.8 重印）
ISBN 978-7-80766-418-5

Ⅰ.①中… Ⅱ.①李… Ⅲ.①文化交流—文化史—研究—中国、西方国家—元代 Ⅳ.① K247.03

中国版本图书馆 CIP 数据核字 (2012) 第 257545 号

出 版 人：刘志松
总 策 划：李 默
责任编辑：张晶晶 黎 娜
装帧设计：盛世书香工作室 腾飞文化
责任校对：李瑞苑
责任技编：冼志良

中华文化走向世界
ZHONG HUA WEN HUA ZOU XIANG SHI JIE

广东旅游出版社出版发行
（广东省广州市荔湾区沙面北街 71 号首、二层）
邮编：510130
电话：020-87347732（总编室） 020-87348887（销售热线）
投稿邮箱：2026542779@qq.com
印刷：三河市嵩川印刷有限公司
（河北省廊坊市三河市杨庄镇肖庄子村）
开本：650×920mm 16 开
字数：105 千字
印张：10
版次：2013 年 1 月第 1 版
印次：2024 年 8 月第 3 次印刷
定价：45.80 元

出版者识

　　《话说中华文明》是一部全景式图文并茂记录中国文明历史的大书。出版者穷数年之力，会集各方力量——专家、学者、编辑、学术顾问们，在浩如烟海的历史档案、资料、著作中，探珍问宝，追寻中华文明在悠悠历史长河中的灿烂之光。此书的出版，凝聚了编撰者的心血，学术顾问们的智慧。尤其是李学勤先生，亲自动笔写下了序言，更增加了本书沉甸甸的分量。

　　中华文明的历史充满了辉煌与苦难，成就和挫折。它的历史无处不在，决定着我们中国人今天的思想和感情。当今的中国和中国人是中华文明的历史造就的，是中华文明的历史的延伸，也是它的一个组成部分，中华文明的历史之河奔流到现在。

　　中华文明是人类历史上最伟大的文明之一，是人类文明发展的主要构成。中华文明丰富、深刻、辉煌、博大，在人类文明中的骨干作用和领导作用人所共知。在人类文明的发源时期，中国就是四大古国之一，是地球上文化的策源地之一。在人类文明的早期，中华文明成为文明在东方的支柱，公元前后200年间，人类的汉帝国与罗马帝国这两只铁手攫住了地球。在欧洲进入中世纪的时候，中华文明更成为人类文明最主要的领导，它的文明统治东亚，传遍世界。进入近代，中华文明处于自身的重压和西方的欺凌下，但中国人民的斗争史和奋起精神是人类文明历史中不可缺少的一页。

　　五千年的中华文明为人类贡献出了从思想家孔子到科学技术的四大发明、从唐诗宋词到长城运河的伟大创造，贡献出了从诸子百家到宋明理学，从商周铜器到明清文学的深刻内涵，也贡献出了从五霸七强到三国纷争、从文景之治到十大武功的辉煌历史。中华文明的历史绚烂多彩，在人类文明的历史长河中永放光芒。

　　中华文明也是人类历史上最独特的文明，没有哪一个文明像中华文明这样持久，这样统一一致。世界上其他文明不但互相交错，其创造者也都与高加索体质的人种有关，它们是姐妹文明。在人类历史中，只有中华文明才是独特的，它的创造者是中国土地上的中国人民，与其他任何地方的人民都没有关系，它的文化是统一一致的文化，可以不依赖于其他任何文明而生存，但中华文明也绝不是封闭的，它接受他人的文化，也承担自己对于人类的责任。

　　人类进入新世纪，中国的社会经济发展令世人瞩目。人们对于世界未来的政治和经济结构的估计无不以东亚和太平洋为中心，而尤以中国为重点。

　　经济起飞只是当代中国的一个方面，中国的精神文明的建设尤为刻不容缓。如果中国要自觉地发展中华文明，要有意识地使中国的发展具有世界意义，就必须发展强有力的精神文化，这样才能使中华文明的发展进入一个新的阶段，才能形成中国和中华文明的全面现代化。

而中国的精神文化的发展植根于中华文明的伟大传统之中。进入近代之后，在西方文化的冲击下，对于中国文化的价值产生大量的情绪化和激烈冲突的论调。"五四"运动打倒孔家店的口号具有冲破封建束缚的时代意义，对中国文化的发展有不容否认的正面意义，与文化虚无主义是完全不同的。文化虚无主义者否定中国传统文化，在现代化的旗帜下主张全盘西化；而复古主义则沉迷于中国文化的古董，走进反进步、反科学的泥潭。

历史的发展则超越了所有这些论点，产生这些论调的一百多年来的中国近代史已经结束。历史要求中国发展，要求中国走在全世界发展的前列。西化论和复古论都已过时，历史已经要求世界超越西方，中国可以来承担起世界的命运，而中国的现实和世界的历史都说明，中国的使命在于它的发展前进，而非倒退。

中华文明走出迷惘的时代，我们这一代处在一个伟大而具有挑战的历史阶段。

总结历史、展望未来，这就是《话说中华文明》的意义和使命。我们创作《话说中华文明》，力求总结和回顾中华文明的全貌，在内容和形式上都开创一个新的局面。在内容结构上，既具有一定的深度，又具有相当的广博性，既有严谨、准确的学术价值，又有活泼、流畅的可读性。我们在本丛书内容纳了中华文明的各个方面，使它综合了大规模学术著作的系统性、严密性和普及读物的全面性、简易性，它既可作为大型工具书检索中华文明的各个成分，又可作为通俗的读物进行浏览。

我们从上世纪90年代初起就开始思考中华文明的历史和现实问题，并逐渐形成了编著《话说中华文明》的设想。在开展这项庞大的文化工程之始，我们就聘请了国内权威学者李学勤、罗哲文、俞伟超、曾宪通、彭卿云诸先生担任学术顾问，他们对计划作了充分讨论，并审阅了大量初稿。我们聘请了广州、香港地区的社会科学学者、大学教师、研究生以及我社编辑人员几十人担任稿件的撰写工作。

通过创作这部书，我们深深地感受到了中华文明的博大精深，也感受到了它的内在缺陷。中华文明具有辉煌的时期，也有苦难的年代，有它灿烂的成就，也有其不足的方面。中华文明在自身中能够吸取充分的经验和教训，就能够使自身健康壮大，成长发展。

通过创作这部书，我们也深深感受到了出版事业的使命和重任。我们希望这部书能受到广大读者的喜爱，起到它所应当起的作用。为中华文明的反省、前进和奋起作一点贡献。

目 录

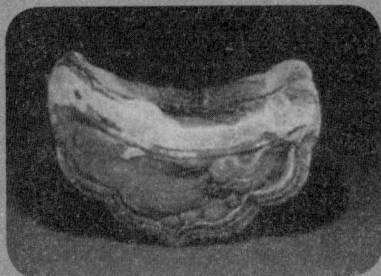

元
朝

中华文化走向世界

元朝

1311A.D. 元至大四年

正月，元武宗死，弟爱育黎拔力八达嗣，是为仁宗。

1314A.D. 元延祐元年

四月，立回回国子监。

1315A.D. 元延祐二年

三月，初行科举，蒙古，色目人为右榜，汉人，南人为左榜。印《农桑辑要》万部，颁之有司。

1316A.D. 元延祐三年

著名天文、历算、水利工程家郭守敬死。

1317A.D. 元延祐四年

一山派禅学成立于日本。程朱理学传入日本。

1318A.D. 元延祐五年

二月，以金3000两写金字佛经；三月，又给金900两。

1320A.D. 元延祐七年

正月，元仁宗死，太子硕德八剌嗣，是为英宗。四月，罢回回国子学。朱思本绘制《舆地图》。

1312A.D. 缅甸掸族首领阿散也哥之弟僧哥速迁都邦牙，为事实上之王，其蒲甘系之王，则徒拥虚位。

1314A.D. 法兰西腓力卒，其子那发尔王嗣位，称路易十世。

爱德华二世率兵入苏格兰，大败。苏格兰自是获得实际独立。

1316A.D.

解地明统治立陶宛，为立陶宛国家真正奠基人。森林区三州之独立地位，是为近代瑞士之始。

1317A.D.

威尼斯于本年派遣舰队（商船队）自地中海西部，过直布罗陀海峡，循葡萄牙与法兰西西海岸到达布鲁日与伦敦，此为意大利城市与大西洋城市直接交通之第一次。

1320A.D.

日本续《千载集》成。印度德里苏丹模巴拉克为其幸臣古士鲁所杀，国大乱，群臣又杀古士鲁而立古耶苏丁为苏丹，基尔吉王朝亡。

吉耶苏丁所创立之王朝号称图格拉克王朝。

元仁宗即位整顿国务

　　至大四年（1311年）正月，武宗海山死于玉德殿，年仅31岁。三月，皇太子、武宗之弟爱育黎拔力八达即位，是为仁宗。仁宗即位后，开始推行一系列措施，以整顿国务。

　　元从蒙古国开始，就形成较完备的驿站制度，原由各地管民官管理。世祖至元七年（1270年），设诸站都统领使司统一管理。十三年，改设通政院管理全国驿站事务。二十九年又在四省设立通政院，后撤销。至大四年（1311年）初，罢通政院。同年闰七月，仁宗在大都、上都复置通政院，专管蒙古驿站，汉地驿站由兵部管领，延祐七年（1320年），恢复世祖旧制，全国驿站由通政院掌管。

爱育黎拔力八达（仁宗）像

　　皇庆元年（1312年）正月，仁宗开始整顿军府。蒙古国时实行千户制度，军官分为万户、千户、百户、五十户等。统一全国后，在各地设万户府、千户所、百户所，并各有分等，如万户府分上、中、下3等，上等管军7000人，中等5000人，下等3000人。世祖以后，承平日久，各军府多不满员。仁宗为改变军府这种有名无实的状况，规定军不满5000人者，不得置万户府，严格建军标准。

　　延祐元年（1314年）十月，元廷在江南地区经理田赋（查实田产，追纳税粮）。因江南富户、寺观大量侵占官民田产，田亩不清，赋役不均，政府财政收入受到影响，仁宗接受中书省平章政事章闾的建议，派员分赴各地经理。先张榜示民，限 40 日内以其家实有田产报于官。并许知情人举报，查出隐田一律没官，当事人或处罚，或流放。这次经理由于时间紧，而且官吏与富豪相互勾结，隐占田地，赋役不均的矛盾未能缓解，反而使矛盾激化，引起许多反抗朝廷的活动，元廷被迫迅速停止经理行动，因经理而增加的赋税，以后也陆续革除。

皇庆二年（1313 年）十一月，还为选拔天下可用之材而开科举。一系列治国之举，使百姓安居，国家绝少战事。延祐七年（1320 年）正月仁宗去世，年仅 36 岁。

任仁发画《二马图》

任仁发（1254～1327），字子明，号月山道人，上海松江人，官至浙东道宣慰副使，是元代著名的水利专家，一生中曾主持修建了许多大型水利工程，并著有《浙西水利议答录》10 卷。

任仁发的绘画深受元初"崇唐"文艺思潮的影响，他的工笔人物、花鸟、人马皆得唐人笔意，尤其擅长画马，他的人马画可与赵孟頫相媲美。他画马学习了韩幹，画风精细规整，着色明丽秀雅。他的传世佳作有《出圉图》卷、《张果见明皇图》卷等。他的最有代表性的作品是为后人所称道的《二马图》卷（故宫博物院藏），画中的马一肥一瘦，是用来讽谏"肥一己而瘠万民"的贪官，

《张果见明皇图》，描绘了《明皇杂录》记载的唐明皇李隆基与神话传说中的八仙之一张果老相见的情景。画中人物神态刻划入微，衣纹作游丝描，笔法精工，是任氏人物画精品。

讴歌"瘠一身而肥一国"的廉臣，用图画生动地揭露出了官场中的黑暗。

任仁发的《秋水凫鹥图》轴的画风精密细致，色彩清艳，在盛行墨笔写意花卉的元代也是一幅少见的佳作。

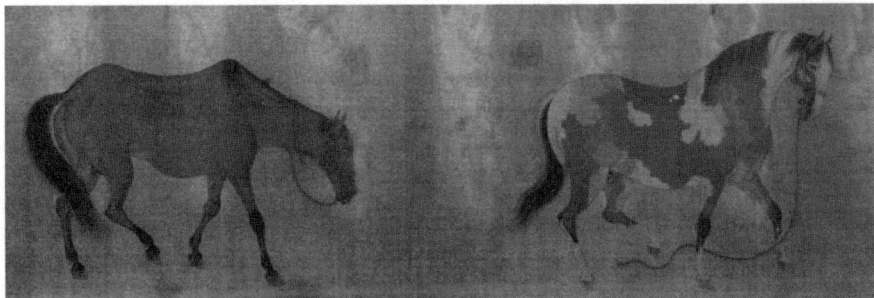

《二马图》，此图用笔简劲有力，画风细腻，设色明丽，是任氏别具匠心的优秀之作。

改易"投下"分封制度

延祐四年（1317年）六月，元廷规定诸王、驸马、功臣分地，仍按旧制。

蒙元时代蒙古统治者常将土地分封给诸王、公主驸马和其他勋臣贵族。这些封地或封国元代称为"投下"，而在封地里从事农业生产的民户则称为"投下户"。

投下户随着分封制的建立而出现，又随着分封制的发展而不断发展。分封制始由成吉思汗所创，随着对外战争的不断扩大，分封制逐渐从蒙古本土发展到中原内地。1236年，太宗窝阔台进行大规模分封，所封民户有数字可考者共计76万多户，占当时北方民户的70%以上。又根据耶律楚材的建议，对投下户实行"五户丝"制，规定每二户出丝1斤，交给国家；每五户出丝1斤，交给投下主贵族。这一制度成为元代投下制度的基本赋税形态。

忽必烈建元后，推行汉法，投下制度继续存在，只对五户丝制进行改革，改由官府统一征收，投下主从国库按数领回，赋税额也作了变动，丝料数量增加了一倍。

元灭南宋后，忽必烈又将江南州郡民户分封给诸王、驸马和勋臣贵族作为食邑，每户交纳中统钞5钱；成宗时增至2贯（两），称为江南户钞。交纳户钞的民户190余万，约占当时江南户口总数的1/5。

由于投下户与普通民户不同，他们既要承担国家规定的各种赋役，又受投下主约束并承担某些特殊义务。也有部分属于投下主私属的投下户不列入民籍，可不承担国家差役，故有些农民和地主豪强，为逃避赋役而投靠某一宗室贵族，充当投下户（投拜户），这也使投下户总数大大增加。

元代投下户的广泛存在，是元代政治领域一个引人注目的现象。

建岭北行省

皇庆元年（1312年）五月，元廷改和林行中书省为岭北行中书省。

和林（今蒙古后杭爱省额尔德尼召北）是蒙古国的都城，忽必烈定都于大都后，漠北地区虽成为元朝边区，但因其乃蒙古统治者的"根本之地"，所以仍受高度重视。世祖、成宗时都派宗王坐镇和林。西北叛王求和后，漠北人口激增，达百万余人。而且蒙古诸王、贵族的"爱马"（即领民与领地）大多在此地区。这都要求有相应

元墓宝壁画《夫妻对坐图》，高高卷起的紫色帐帷下男女墓主人相对而坐，男主人神态威严，女主人袖手端坐。主人身后各立男女仆人捧物侍立。画面构图简练，线条勾勒刚健，敷色古拙，人物形象生动，具有鲜明的蒙古族体态特征。

的行政机构和朝廷重臣加以治理。武宗海山即位时（1307年），在该地区设和林行中书省。仁宗爱育黎拔力八达即位后，只改行省名称，即岭北行中书省，建置未变。和林改为和宁，为行省治所。

岭北行省在元朝10个行省中地域最大，东至哈剌温山（今大兴安岭），接辽阳行省；西至也儿的石河，接钦察汗国和察合台汗国；南隔大漠与中书省、甘肃行省接界；北至北海（今西伯利亚北部）。

王祯《农书》著成

皇庆二年（1313年），农学家王祯完成《农书》一书。王祯字伯善，元代东平（今属山东）人，元朝农学家和活字印刷术的改进者。成宗元贞元年（1295年）至大德四年1300年）曾任宣州旌德县尹6年，接着调任信州永丰（今江西广丰）县尹。为官期间，他生活朴素，施行德政将自己的薪俸捐出来修建学校、桥梁、道路，教导农民种植树艺，施医舍药以救贫苦百姓，人们对其评价很高，说他"惠民有为"。

王祯的《农书》

明刻本《农书》中的活字印刷转轮字盘图，图中绘出元代王祯发明的转轮字盘的构造。

在他担任旌德县尹时，开始编撰《农书》，调任永丰县尹两年后脱稿。后来，大约在皇庆二年（1313年）曾作过修改，增加了个别附记和"自序"。

《农书》正文共计37集370目，分《农桑通诀》《百谷谱》和《农器图谱》三大部分。书首"自序"和书后"杂录"是有关印刷术方面的内容，与农业关系不大。

《农桑通诀》共6集26目。从农事、牛耕、蚕事的起源开始叙述，考索其历史渊源。按着是"授时"、"地利"与"孝悌力田"三篇，说明天时、地利的作用和劳作的重要性。然后转入正题，记载了从耕种到收获的全过程中一些共同的基础措施，始终贯穿着农本观念与天时、地利、人力共同决定生产状

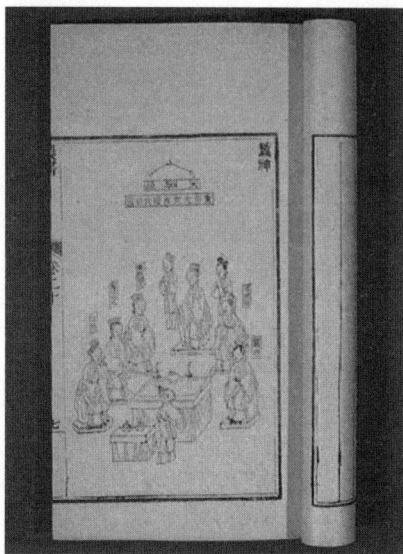

王祯《农书》关于蚕神的图说

神农（神农氏）是中国远古传说中的"三皇"之一，姓姜。历史传说他发明耒耜、教民农耕，并尝百草以治百病，是中华民族最初发明农业和医药的人。图为王祯《农书》明刻本中神农氏的身影。

况的思想，是一篇农业总论。

《百谷谱》11 集 83 目，涉及谷属 14 目，记载了粟、稻等 14 种作物的种植及收藏、利用等技术。"蓏属"12 目，蔬属 19 目，介绍了葵、芹等 12 种作物，果属 18 目，还介绍了 21 种竹木、纤维、药材的栽培管理、收获、收藏及利用的技术和方法。实际上，《百谷谱》是一部农作物栽培各论。

《农器图谱》是全书重点，分12 门（20 集）261 目，并配插图306 幅，介绍了这些农具及与农业有关的器具的构造、来源、用法、演

木棉搅车，去棉籽的工具。据王祯《农书》复原。

变以及优缺点，大都在后面附有一段韵文或诗赋，多为王祯自己创作。《田制门》中的区田、圃田、围田、柜田、涂田、沙田、架田是一些利用和改良

土地的特殊方法，反映了我国古代劳动人民在人多地少的情况下充分利用土地的情形。这些丰富多样的农具图像，反映了劳动人民根据不同地区的不同需要而创造出不同的农具，表现了农业技术的进步，尤其是从实用目的出发，比较南北方的农具，时时顾及南北差异，致力于其相互交流。这一部分在全书中占去了80%的篇幅，这种将农器列为综合性农书的重要组成部分的作法，是由王祯首创的。他不仅描绘了当时通行的农具，还将失传的古代农具绘制出复原图，保存了一些有价值的农具史料。书中收录的一些农机具，如32锭水力大纺车，无疑处于当时世界先进水平。这是介绍我国古代农业生产工具的集大成的著作，展示了其卓越成就。

王祯在综合黄河流域旱地农业和江南水田农业两方面的生产实践的基础上，构撰了这部具有较完整的农学体系的著作。它标志着我国农学体系的基本形成。

何澄进呈界画

何澄（1223 ~ 1312 年），元朝大都（今北京）人。世祖时，以画艺待诏宫廷。至元二十五年（1288 年），曾画《陶母剪发图》。至大初年建兴圣宫，皇太后命何澄主管绘画事宜。接着，何澄以秘书监进入仕途。皇庆元年（1312年），何澄进呈界画《姑苏台》《阿房宫》、《昆明池》3 图，被授以昭文馆大学士、中奉大夫，时年已90。他的弟子刘仲谦也是当时京城名画家。何澄的传世作品有《归庄图》。

何澄《归庄图》卷（部分），画陶渊明《归去来兮辞》意。

赵友钦算圆周率

元朝初年，赵友钦著《革象新书》，推算出较为精密的圆周率著 π 值。我国古代计算圆周率和圆面积的一种办法——割圆术，为魏晋时杰出的数学家刘徽所创。他从圆内接正6边形起算，结合"刘徽不等式"，由圆内接正192边形推得圆周率=3.14，由正3072边形推得圆周率=3.1416。在此基础上，南北朝时祖冲之推得约率22/7，密率355/133，盈朒二限 3.1415926 < π < 3.1415927，此后的800余年间这方面没有新的成就。

赵友钦在《革象新书》，第五卷"乾象周髀"篇内叙述了历代所得圆周率之值。并从圆内接正4边形起算，由 16384=4×2^{12} 边形推得圆周率=255/133 这较为精密的值，指出由最初的圆内接正4边形多次边数加倍，"其初之小方，渐加渐展，渐满渐实。角数愈多而为方者不复方而为圆矣。故自一二次求之以至一十二次，可谓极其精密，若节节求之，虽千万次，其数

我国现存最完整的阶梯式漏壶，铸造于元延祐三年（1316年）。全套共4壶，各壶大小不一，容量由上而下逐个缩小，分为日壶、月壶、星壶、受水壶。日壶外侧铸有元延祐铭文。

终不穷"。具有极为明确的极限思想。

郑光祖作《倩女离魂》

郑光祖，元代戏曲作家，是元曲四大家（其他三位为关汉卿、白朴、马致远）之一。字德辉，平阳襄陵（今山西临汾附近）人，生卒年不详。曾任杭州路吏，为人正直，重情谊，不妄与人交。名扬天下，被人尊称为"郑老先生"，所创作杂剧共18种，在当时"名闻天下，声振闺阁"，流传至今有8种，其中《倩女离魂》是其代表作。

《倩女离魂》全名《迷青琐倩女离魂》，根据唐陈玄祐的传奇小说《离魂记》改编而成。作品描写了张倩女与王文举经父母指腹为婚，倩女母因为文举功名未就，不许完婚，倩女因而恹恹病倒，后文举又赴京应试，她的灵魂离开躯体去追赶心爱之人，相随3年，直至王文举高中后回家，才与身体相附，灵肉合一，遂与文举成亲。作品以浪漫主义手法塑造了一个在思想上挣脱封建礼教束缚，大胆追求爱情和自由生活的女性形象。作品中的倩女具有双重身份：作为客观实体的人和作为虚幻的精魂。作为客观实体的人，倩女在追求爱情上受封建家庭和社会的压抑而实现不了自己的意愿，作为虚幻的精魂，则实现了生活中自己所不能实现的追求，理直气壮地肯定自己私奔的行为，置封建礼教规范于不顾，情愿"荆钗裙布，愿同甘苦"。从倩女身上，表现了封建社会中女子性格的两个方面：在封建礼教禁锢下精神负担的沉重和对自由爱情的强烈追求。

清人梁廷楠称其"灵心慧舌，其妙无对"，近代大师王国维赞其"如弹丸脱手，后人无能为役"，这是对郑光祖所作《倩女离魂》的最好评价。

戴侗著《六书故》

戴侗，字仲达，浙江永嘉人，所著《六书故》33卷，卷首附《六书通释》1卷，刊行于元延祐七年（1320），是一部以六书理论来分析汉字的字书。戴侗认为六书之学是读书的门径，而学者不讲已久，一般人想学它又往往不得要领，所以他就《说文解字》订其得失，重新解释六书的意义。

《六书故》在编排体例上作了新的尝试，突破了《说文》的540部首而另立479目。这479目，包括"文"189目，"疑文"45目，字245目。并以文、疑文为"母"，字为"子"，作者认为一切文字均可以统摄于这234个"母"下。

这479目，又按字义分为以下9类：数、天文、地理、人、动物、植物、工事、杂、疑。每目之下再按六书编排文字。六书排列次第为：象形、指事、会意、转注、谐声、假借。

该书在文字材料方面，不拘于小篆，大胆采用钟鼎文，用新意来说解文字。如说"壴'像鼓形、"鼓"为击鼓。书中对本义、引申义、假借义三个概念分得很清楚，每字之下明确列出各义项。本义或称"正义"，假借义称"借"，引申义称"引而申之"、"引之"、"因之"等。该书对文字和语言的关系也有较为正确的认识。戴侗认识到先有语言，后有文字，词的意义和语音形式并存，而意义并非产生于文字。所以，他主张探求字义时，不仅要"因文以求义"，还要"因声以求义"，他说"书学既废，章句之士知因言以求意矣，未知因文以求义也；训诂之士，知因文以求义矣，未知因声以求义也。夫文字之用，莫博于谐声，莫变于假借。因文以求义而不知因声以求义，吾未知其能尽文字之情也"（《六书通释》）。

此外，他明确提出了"一声之转"、"声近义通"等原则。这些原则均为清代学者所接受，并发展为一种完整、有效的训诂方法。

分室龙窑出现

随着元代陶瓷业的巨大进步，人们对窑的改造极为关注，分室龙窑的出现就是其中的杰出代表。

分室龙窑由宋代产生的通间式龙窑发展而来，升温和降温都

钧窑碗

表白釉狮尊

青釉刻花牧丹纹执壶

较快，可创造出还原性气氛，宜于烧制薄胎和石灰釉瓷器，产品光泽较好，透明度较高，釉色纯美晶莹。同时又克服了通间式龙窑的一些缺点，以适应时代的生产特点。如南宋以来，在生产仿玉产品时，人们使用高粘度的石灰碱釉，为使其釉面光滑均匀，必须控制好升降温的速度，延长保温时间，这在通间式龙窑中无法做到。再如德化白瓷的胎釉 K_2O 的含量较高，不适宜这种窑烧制。分室龙窑因此应运而生。

　　分室龙窑俗称鸡笼窑，最早见于宋代广东潮安，元代时在福建德化得到进一步发展，它是依山坡的上升之势而建造的，窑身长而宽大，窑内砌有隔墙，将其分成若干个上下衔接的窑室，隔墙上抵窑顶，下部是一排通火孔，每室的前端隔墙处留有一个燃烧空间，供燃烧木柴并设有窑门。隔墙起着挡火作用。1976 年，福建德化发掘的斗宫窑遗址是这种窑的代表。

　　分室龙窑的出现适应了元代瓷器生产的时代特色，成为明代阶级龙窑的前身，也是从宋代通间式龙窑向明代阶级龙窑转变的一种过渡形式。

元开科举

皇庆二年（1313年）十一月，元开科举。

元开国以来，蒙汉大臣多次请求科举取士，但始终没有施行。仁宗好儒尚文，决意实行科举。皇庆二年（1313年）十一月，颁行科举诏，强调举人应以德性为首，试艺则以经术为先，词章次之，经学用二程（程颐、程颢）和朱熹的传注。科举每3年举行一次，共分乡试、会试、殿试3道。蒙古人、色目人与汉人、南人分别命题。乡试于八月举行，全国共设17处科场，从赴试中选合格者于次年二月到大都会试，共取100人参加殿试，其中蒙古、色目、汉人、南人各25名。殿试试策一道，第其高下，然后以蒙古人、色目人为右榜，汉人、南人为左榜，唱名公布。两旁各分三甲，第一甲各1人（元统元年时增为3人），赐进士及第，秩从六品；第二甲赐进士出身，秩正七品；第三甲同进士出身，正八品。

延祐元年（1314年）八月，各省举行乡试，按规定的解额上贡京师。次年二月，各省乡贡进士135人聚集在礼部举行会试，三月七月，仁宗举行殿试，中选者56人。此后，科举每3年举行一次，只在顺帝后至元元年到六年中止了两科。

棉花开始推广

宋末元初，新疆种植的一年生草本非洲棉经过河西走廊，发展到了陕西，后来又移植到河南，并开始得到推广。元初官修的《农桑辑要》是我国较早的植棉专论之一。其卷二专门谈到木棉种植，初步总结了元初棉花栽培技术的经验，并有元政府令陕西劝农植棉的记载。此书还以苎麻，棉花异地引种成功的事实，提出了"谨于种艺"、"种得其法"等新的"风土"观，倡导人们积极引种和推广新作物。这种新"风土"观，大大地促进棉花的广泛种植。

在江南地区，南宋末年则已有不少地方植棉花，且是一年生的木棉。据王祯《农书》，这种木棉来自海南。到元代，棉花在长江流域已有很广泛的传播。至元二十六年（1289 年），元政府分别在浙东、江东、江西、湖广、福建等地设置木棉提举司，每年向民间征收棉布 10 万匹。元贞二年（1296 年），元政府又规定木棉、布、丝绵、绢四项都列为江南夏税的内容。这说明棉花在元代已广泛地在长江流域种植，甚至已在经济生活中占有一定的比重。王祯的《农书》，在《百花谱》中专列"木棉"条，进一步系统总结了元代植棉技术经验。

张养浩作《潼关怀古》

张养浩对人民疾苦深表同情，做官时敢于直谏，为抗旱救灾身体力行，这种关怀下层劳动人民的高贵品质也时常出现于他的散曲作品之中。其中最重要、最出色的散曲作品当推他创作的《潼关怀古》："峰峦如聚，波涛如怒，山河表里潼关路。望西都，意踌躇，伤心秦汉经行处，宫阙万间都做了土。兴，百姓苦；亡，百姓苦。"他在怀古浩叹之际能联想到百姓的疾苦，比同类题材的散曲作品要高出一筹，寥寥数十字，说了一句大白话，说了一句大真理，其艺术成就是相当高的。

张养浩（1270 ~ 1329 年），字希孟，号云庄，济南人。历任翰林学士、礼部尚书、参议中书省等职。因父老辞官，屡召不赴。文宗天历二年（1329 年），关中大旱，特拜为陕西行台中丞，前往救灾，到任不过 4 月时间，终因劳瘁去世。

他的散曲多是在辞归故里后所写。数十载宦海沉浮，使他对世态炎凉有更切身的体察，因此能写出相当真切的作品。如"才上马齐声儿喝道，只这的便是送了人的根苗。直引到深坑里恰心焦。祸来也何处躲？天怒也怎生饶？把旧来时威风不见了"（《朱履曲·警世》），作者感触至深，因此能写出如此沉重的句子。而当他归隐田园，轻松自如的心情又跃然纸上，"中年才过便休官，合共神仙一样看"（《双调·水仙子》），"挂冠，弃官，偷走下连云栈，湖山佳处屋两间，掩映垂杨岸"（《中吕·朝天曲》）。他的一些散曲中常写与鸥鹭为伴，与云山为友，他吟咏山水的优秀篇章也不少，然而有时过于低沉，他的理想只不过是远离红尘去过田园生活，以远祸全身。

《太和正音谱》说张养浩的散曲如同"玉树临风"，指出他的作品格调高远。他的作品文字显白流畅，感情真朴醇厚，无论抒情或是写景，都能出自真情而少雕镂，《潼关怀古》小令，以及一些写退隐生活的作品，可以代表他的艺术风格。然而他的写景的散曲中，也有一些工丽清逸的作品，如"一江烟水照晴岚，两岸人家接画檐，芰荷丛一段秋光淡"（《水仙子·咏江南》），"鹅立花边玉，莺啼树杪弦"（《庆东原》）等句，表明他的作品在总的艺术格调中还有所变化，散曲色调比较丰富。

张养浩著有散曲集《云庄休居自适小乐府》传世。据《全元散曲》所辑，今存小令 161 首，套数 2 首。

制定吏员出职制

延祐元年（1314 年）十月，元廷制定吏员出职制。出职专指吏员脱离吏职出任官职，出职制度是元代特有的政治制度。

朝廷规定，实行科举取士前，仕进有宿卫、儒、吏三途，由吏员出职者占 9/10。开科举后，取士不多，由吏进官者仍占大多数。吏员出职是元朝入仕的主要途径。

元代吏员分两类：一类是中上层衙门的令吏、译吏、通事、知印、宣事等，考满出职即入品，没有品级限制，称"有出身吏员"。另一类是路、府、州、县的司吏等，出职后先任流外职，有品级限制。仁宗"重儒轻吏"，于延祐元年（1314 年）十月制定吏员转官制度和条件，对后一类吏员出职后限从七品，但遭到臣僚反对，改为止于五品。英宗即位，又改为从七品。泰定帝后，恢复旧制，又改为止于四品。

元朝这种重吏政策，与历代崇儒完全相违悖，致使官吏队伍素质降低，吏弊恶性膨胀，故后人有"元亡于吏"的说法。

禁止南人典卖妻儿

延祐二年（1315 年）正月，元廷禁止南人典质贩卖妻儿为驱口。

元廷实行种族歧视政策，将百姓由高到低划分为蒙古人、色目人、汉人、南人4等。南人的地位最低下，专指南宋遗民。驱口，原来指在战争中被俘获而受驱使的人，后通指奴隶，地位与良人（自由人）完全不同。

元初的驱口主要是战争中的俘虏，大部分是汉族人户。全国统一后，典卖和债逼成为以良为驱的主要手段。不仅江南地区典卖驱口成风，华北、漠北等地典卖驱口的现象也很普遍。

元中期漠北地区凡遇风灾、雪灾，鬻妻卖子常有发生。元政府一方面严申不得

《元史》关于典卖子女的记载

买卖蒙古子女，一方面出钱赎免已卖身的人还良，又设立专门机构宗仁卫，安置流亡和赎身的蒙古子女。这次元廷禁止南人典卖妻儿，也是针对逼良为驱成风而采取的措施。

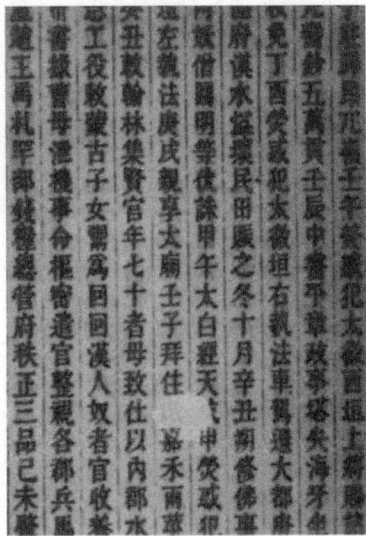

元代道教建筑中的典型代表——永乐宫建成

元代对道教十分尊奉。全真派道士丘处机往中亚晋见成吉思汗，宣传教义及为政之道，深得成吉思汗欢悦，给予道教免赋役的特权。自此道教势力大盛。忽必烈时虽曾一度受到排斥，但自此之后直到元末，道教与其他宗教

中华文化走向世界

永乐宫三清殿藻井

一样受尊奉。元代道观祠庙建造很多，元大都的东岳庙、河北曲阳北岳庙德宁殿和山西洪洞水神庙都是元代著名道教建筑。其中位于山西省永济县的永乐宫就是元代道教建筑中的典型代表。

永乐宫是元代道教全真教的三大宫观之一，原位于黄河边的永乐镇。传说八仙之一的吕洞宾就在这里出生，山川非常秀丽。永乐宫的建造前后共用了110年的时间，从定宗二年（1247年）修建大纯阳万寿宫，后来改称永乐宫，然后逐步建成各主体殿堂，到至正十八年（1358年）完成各殿中的壁画为止，差不多经历了整个元代。

永乐宫建筑规模十分浩大，原来在永乐宫周围还建有许多祠庙，但现在只剩下了永乐宫一处。永乐宫沿中轴线依次布置宫门、龙虎殿、三清殿、纯阳殿、重阳殿5座殿堂，除宫门是经清代改建外，其余4座殿堂均保持着元代时的

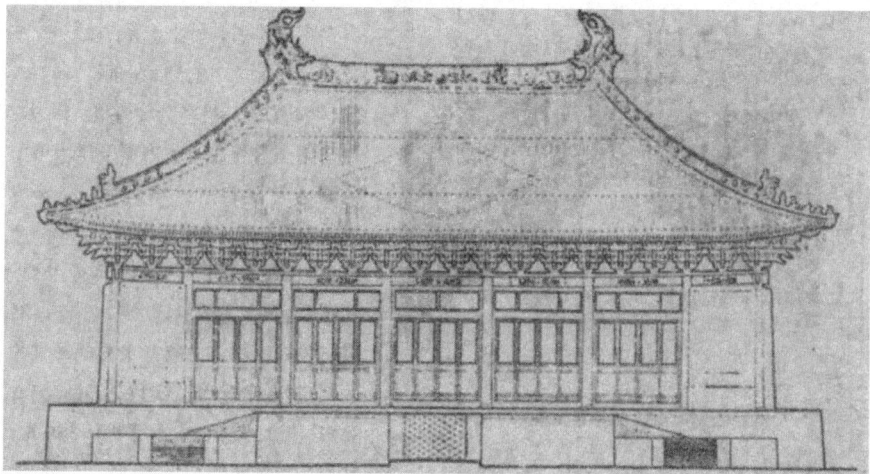

永乐宫三清殿立面图

建筑风貌，组成了一组雄伟、浩大的道教建筑群。

永乐宫中的三清殿建筑最为宏伟壮丽，殿中奉祀三清神像，面阔 7 间，进深 4 间，长 28.44 米，宽 15.28 米，殿中四壁绘制着巨型壁画"朝元图"。殿中为扩大空间采用了减柱法建造，仅后部设有 8 根金柱，其余均省去不用。用黄蓝琉璃制作的层脊上两只高达 3 米的龙吻，造型生动，非常引人注目。无极门又称龙虎殿，原为永乐宫的宫门，后部明间台阶退入台基内呈纳陛形制，造型非常罕见。纯阳殿又名混成殿，内有吕洞宾像，故又称吕祖殿。最后是纪念全真教祖师王重阳和他的弟子的重阳殿，也称为七真殿。纯阳殿和重阳殿壁面均分别绘制吕纯阳、王重阳的生平故事的壁画。

永乐宫的四座元代建筑在建筑上和艺术上均取得了巨大成就。其一是它在总体布局上突破了中国古代建筑的廊院式结构，在同一条轴线上布置殿堂，使空间关系主次分明。其二是它采用了减柱法等一系列革新手法，扩大了建筑空间，对明清的建筑技术产生了重大的影响。三是它的殿中保存了大量元代彩画，彩画的构图和色彩运用均有许多创新。四是各殿中共有 960 多平方米的巨幅壁画，题材多样，色彩绚丽，在建筑史、绘画史中都极为罕见。尤其是三清殿中的"朝元图"壁画，泰定二年（1325 年）由马君祥等人绘制而成，描绘了诸神朝拜元始天尊的故事，以 8 个帝后主像为中心，周围有金童、玉女、星宿力士等共 286 尊，场面开阔，气势恢宏。这些壁画都成为我国古代壁画中的精典佳作。

周德清编《中原音韵》

《中原音韵》是中国首部曲韵著作。作者周德清（1277 ~ 1365 年），江西高安人，元代戏曲家、音韵学家。他"工乐府，善音律"，对于元代盛极一时的北曲的创作和演唱了解得很深。他感到当时作曲、唱曲的人都不大讲究格律，艺坛上出现了不少混乱现象。他认为要使北曲发挥更高的艺术效果，就必须使其体制、音律、语言都具有明确的规范，特别是语音的规范更为重要。于是他根据亲身体验，进行理论总结，完成了这部划时代的著作。

《中原音韵》的内容分为两大部分：第一部分是以韵书的形式，把曲词

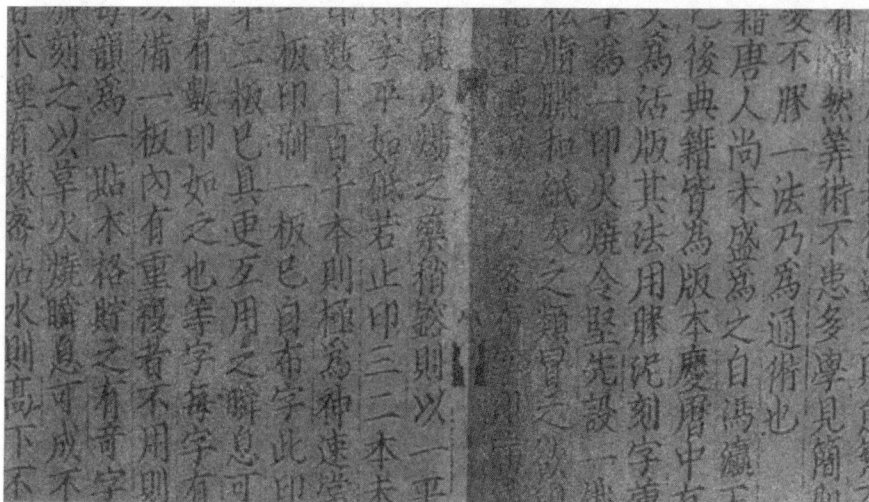

蝴蝶装是中国古书装帧形式之一。图为蝴蝶装大德年间刻本《梦溪笔谈》。

里常用作韵脚的5866个字，按字的读音进行分类，编成一个曲韵韵谱；第二部分称作《正语作词起例》，是关于韵谱编制体例、审音原则的说明，关于北曲体制、音律、语言以及曲词的创作方法的论述。

《中原音韵》韵分19类，韵目都用两个字标出，如下：一东钟　二江阳　三支思　四齐微　五鱼模　六皆来　七真文　八寒山　九桓欢　十先天　十一萧豪　十二歌戈　十三家麻　十四车遮　十五庚青　十六尤侯　十七侵寻　十八监咸　十九廉纤。每一韵里面又分为平声阴、平声阳、入声作平声阳、上声、入声作上声、去声、入声作去声等类。每一类中，凡读音相同的字类聚在一起，组成一组组同音字群；各同音字群之间用圆圈隔开，共1586群，书中所收各字都不标反切、字母，也没有释义。由于它没有标明字母，现代学者对它的声类进行了探讨，有以下几种说法：罗常培认为有20声类，赵荫棠认为有25声类，陆志韦认为有24声类，杨耐思又认为有21声类。

　　《中原音韵》将调类归结为"平分二义"、"入派三声"，即将平声分为阴平、阳平，入声分别归入平、上声、去三声，这样，传统的平、上、去、入四声就变成了阴平、阳平、上声、去声四声。对于"入派三声"，现在有两种看法：一种认为"入派三声"反映了当时实际语音中入声已经消失，并分别变成了平、上、去三声；另一种认为"入派三声"并不是说当时的实际语音中入声变成平、

上、去三声，而是为了曲词的唱念方便，而采取变通的办法以扩大押韵范围。也即，在当时的实际语言——官话中，入声依然存在。

对于《中原音韵》所代表的音系，一般认为是元代的大都音系，即当时的"雅音"（官话语音）。现代的普通话音系就是由此发展而来的。

《中原音韵》在戏曲界影响深远，此后戏曲家作曲用韵，无不奉为圭臬。它彻底打破了旧韵书的体系，开创了与《切韵》系书相对立的北音韵书，在古代韵书发展史上形成独立的一派，更重要的是，它反映了当时活的语言，为了解宋元时代的语音、研究汉语语音史提供了宝贵的材料。

朱思本绘《舆地图》

朱思本（1273 ~ 1333 年），字本初，号贞一，江西临川人，元代著名地理学家和地图制图学家。从 1311 年到 1320 年间，他实地考查了会稽、洞庭、荆襄、淮泗等地，参阅了郦道元的《水经注》、唐《通典》、《元和郡县志》、宋《元丰九域志》及元《大一统志》，并在此基础上，绘成《舆地图》，遗憾的是未能流传下来，只是到明代有两种地图被认为是由《舆地图》改绘而来，一是杨子器的《舆地图》，另一是罗洪先的《广舆图》。

杨子器，字名父，慈谿（今浙江慈溪）人。他的《舆地图》绘制于正德七八年间（1512 ~ 1513年），图长 164 厘米，宽 180 厘米，比例尺为 1：1760000。图中采用各种符

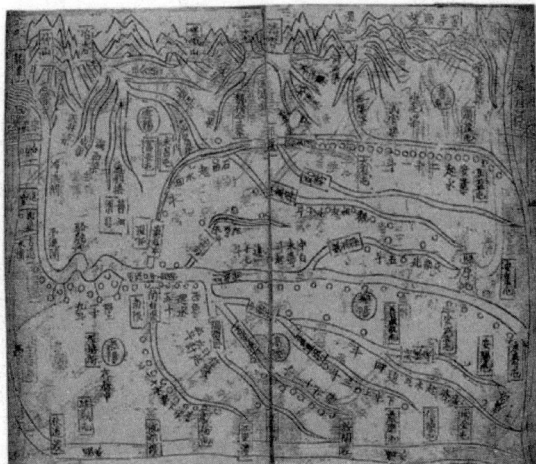

《泾渠总图》。图中所绘是元代延祐五年（1318）至至正四年（1344）26 年间，泾水与石川河（即沮水）间的河渠概况。图中河流渠道用双线表示，名胜建筑和桥梁符号规范醒目。此图是研究元代河渠灌溉的珍贵资料。

号达 20 多种，分别用方、圆、菱形符号代表各级行政区，还用其它符号表示庙宇、陵墓、桥梁和万里长城等名胜古迹。图中的海岸线轮廓、河流的弯曲走向及各行政区的相对位置基本上与现在的地图相似，说明当时的地图绘制，无论是在绘制方法上，还是在绘制的准确度上，都达到了一定的水平。图的下方有跋，由跋可知，当时的行政划分有两京、13 省、520 府、240 州、1127 县、495 卫、2854 所、12 宣慰司、11 宣抚司、19 招讨安抚司、177 长官司，说明了疆域的辽阔。

罗洪先（1504～1564 年），字达夫，号念庵，江西吉水人。他绘制的《广舆图》也是在朱思本的《舆地图》的基础上发展而来的，仿照朱思本的《舆地图》的模式，对明代疆域及行政区划进行描绘，内容包括明代疆域总图以及各省分图 17 幅，除其中南北两直隶及 13 布政司的地图来自于朱思本外，其余各图均为新绘。

1321 ~ 1330A.D.

元朝

1321A.D. 元英宗硕德八剌至治元年　九月，用50万个铜铸大都昭孝寺卧佛。

1322A.D. 元至治二年　闰五月，禁白莲佛事。

文学家美术家赵孟頫去世。

1323A.D. 元至治三年　八月，御史大夫铁失等害英宗，奉晋王也孙铁木耳嗣位，是为泰定帝。

1324A.D. 元泰定帝也孙铁木耳泰定元年　周德清编成《中原音韵》。

1328A.D. 元泰定五年　元致和元年　元天顺帝天顺元年　元文宗天历元年

七月，泰定帝死于上都，内乱起。九月，上都诸王大臣立泰定帝子阿速吉入为皇帝，改元天顺，发兵攻大都。怀王至大都即位，改元天历，是为文宗。

1329A.D. 元明宗和世瓎元文宗天历二年　正月，周王即位于和宁之北，以文宗为皇太子。

八月，明宗暴死，文宗复即位。九月，修经世大典。十月，改订内外官迁调制。

1330A.D. 元天历三年至顺元年　李泽民绘成我国最早的世界地图《声教广被图》。

忽思慧著营养学专著《饮膳正要》。

1321A.D. "意大利诗歌之父"但丁卒。

1322A.D. 路易自此为日耳曼之唯一国王。

1323A.D. 英王爱德华二世承认罗伯特·布卢斯为苏格兰王，并与之订立十三年休战条约。

1324A.D. 美洲土著阿兹特克人，约在此时前后，在今中美洲北部建立墨西哥城。

1325A.D. 斯科大公犹里·达尼诺维支为迈克尔之子底米特里刺杀。迈克尔次子继特维尔大公位，莫斯科大公则由犹里之弟伊凡·达尼诺维支（外号钱袋）继承。

1326A.D. 奥期曼卒，子奥罕嗣位。奥罕为第一个具有历史真实性之国王，亦为奥托曼土耳其帝国之创始人。

1328A.D. 法兰西查理四世卒，无子，卡佩王室之直系统治绝。瓦罗亚王朝自此始。

元英宗行新政

元朝英宗即位之初，世祖以来长期形成的政治、经济、社会积弊日益暴露、激化。鉴于此，英宗决心励精图治，"一新机务"，但却遭到太皇太后、右丞相等贵族保守势力的阻挠。至治二年（1322年）八到九月，右丞相铁木迭儿与太皇太后相继病死。十月，英宗抓住时机，命拜住升任中书右丞相，不再设左丞相，以示信任。其后，拜住全力襄助英宗，进行了一系列新政改革。

首先，全面升任汉人官僚，录用儒士。首复张珪平章政事，召有致仕老臣，议事中书省。吴元珪、王约、韩从益等人迅即升居集贤、翰林及六部官职。其次，裁撤机构，减汰冗官冗职。从至治二年十一月起，英宗减罢崇祥、寿福院所属13署，徽政院断事官、江准财赋所属60余署。第三，推行助役之法。各地居民按资产高下出一定比例的土田为助役田，以助役田之出产津贴其他应役者。第四，减轻徭役。规定凡差役"先科商贾未技富实之家，以优农力"。还减免了部分地区、部分诸色户计的徭役。第五，颁布新律法《大元通制》。至治三年（1323年）正月，英宗命儒臣继续仁宗时就已开始的法令汇纂工作，后经拜住、完颜纳丹、曹伯启、曹元用等审核，定名为《大元通制》，颁行天下。

英宗新政的目的是为了改革积弊，其核心内容就是"行汉法"，以汉族传统的统治方式治理汉地。新政触犯了大多数保守的蒙古色目贵族的利益，引起了他们的恐惧与反对。新政仅仅进行了几个月，便随着英宗的遇刺而结束。

元编政书《元典章》、《元经世大典》

元代官修的《元典章》和《元经世大典》，主要汇编元文宗至治元年（1330年）以前的政令文书、法律格例，做为官吏遵循的依据，故被历史学家称为政书。

《元典章》是元成宗至治二年（1322年）以前元朝法典、规章的分类汇

编，全名《大元圣政国朝典章》。全书分诏令、圣政、朝纲、台纳、吏部、户部、礼部、兵部、刑部、工部十大类，共2391条，记事到延祐七年为止。全部内容由元朝的原始文牍资料组成，对元朝政治、经济、文化、社会生活的各个方面部有详细、系统而生动的记载，反映了当时复杂的阶级和社会矛盾及社会心理、风习的特点。书中抄录很多圣旨和中书省、御

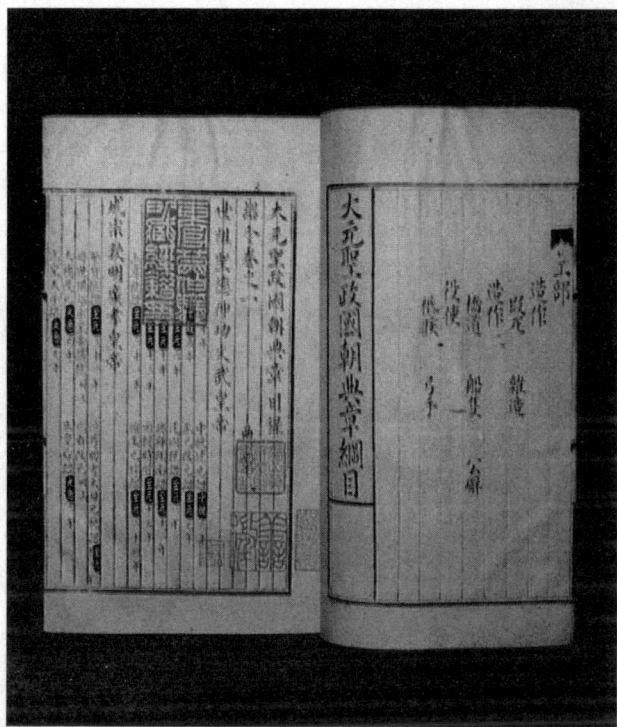

《元典章》（清代影抄元刻本）

史台的文件，是元朝最高统治集团议诀政务的第一手材料，从中可领会元朝政府处理政务的准则、方法和过程。《元史》和其他史籍中的许多记载能在《元典章》中找到出处或得到明确的印证。

《元典章》文体独特，书中词讼文字常用口语，官方文件则使用以口语硬译蒙古语的特殊文体。而一股的则使用书面语。有时同一文牍中混用几种不同文体。书中元代俗体字很多，从中可看到当时社会上企图简化汉字的自发趋向。

《元经世大典》又名《皇朝经世大典》，元文宗至顺元年（1330年）由奎章阁学士院负责编纂，次年五月修成。全书880卷，目录12卷，附公牍1卷、纂修通议1卷。该书体例比唐、宋会要有所创新，全书分10篇，篇下有目，各篇、目之前都有叙文说明其内容梗概，这种编纂方法比唐、宋会要要好，使读者容易理解其宗旨。此书已遗失，今天所见的内容只有《永乐大典》残

本中存留的一部分。存留的文字内容涉及市采粮草、仓库、招捕、站赤、海运、高丽等事，是研究元代经济、政治、军事、中外关系的珍贵资料。

两部官修政书保存了元代社会的各种史料，内容详细、集中，它生动具体地反映了元代政治体制的运转过程和社会、阶级、经济生活的全貌，是史学工作者不可或缺的原始文献。

元英宗制订元律

至治三年(1323 年)，英宗硕德八剌命人根据仁宋时纂集的累朝格例(即《风宪宏纲》为蓝本，制订新法。不久即告完成，称之为《大元通制》，同年二月颁行天下。这是元代制订的最为完整、系统的法典，是元代法律的代表作。

《大元通制》共 2539 条，例 717，条格 1151，诏赦（敕或制）94，令（别）类 577。其中条格所占篇幅最多，分为 27 个篇目，有祭祀、户令、学令、选举、官卫、军防、仪制、衣服、公式、禄令、仓库、厩牧、关市、捕亡、赏令、医药、田令、赋役、假宁、狱官、杂令、僧道、营缮、河防、服制、站赤、榷货等，共分 30 卷，主要是经皇帝亲自发布，或直接由中书省等中央行政机关颁发给下属部门的政令，与唐宋法律中令、格、式大体相同。断例即为律文，共有 11 篇，篇名与唐律及《泰和律》完全相同，包括卫禁、职制、户婚、厩库、擅兴、贼盗、斗讼、作伪、杂律、捕亡、断狱。诏赦只是唐、宋、辽、金之敕，唯一作用是供查考、参照或修史之用。只有"条格"和"断例"才是"有司奉行之事"。

在具体内容上，《大元通制》主要有如下三个方面规定：

一是从法律上肯定了民族歧视、压迫政策。元代法律将境内不同民族分为 4 等：蒙古人、色目人、汉人、南人，并规定这 4 个等级在法律上所分别享有的地位与权利。如蒙古贵族可以占有大量奴婢，还可以随意处置奴婢，奴婢不得反抗，否则都要处死。蒙古人若因争吵或乘醉打死汉人，只"断罚出征，并全征烧埋银"；反之，汉人若殴打或打伤蒙古人与色目人，即使有理，也要处死刑，并照赔烧埋银。法律还明文限制汉人的权利，如严禁汉人持有兵器，禁止汉人习武甚至打猎、养马，禁止汉人生产、制作可以充当武器的农具及家用器具，等等。

　　二是确立了佛教僧侣在法律上的特殊地位。各宗教教派及教士、神职人员在司法管辖上有相对独立的权力，并在经济上给予佛教寺院大量特权，保护其经济利益。元代法律规定，一般僧官、僧侣犯罪，不受普通司法机关管辖，而是由宣政院、各行省宣政院以及专门设置的"僧司"等衙门管辖。如不同宗教、不同教派之间发生冲突，一般司法机关不得干预。

　　三是确立元代的刑法与诉讼法制度。元代继续沿袭唐宋以来的封建五刑体制，不过稍加变动。五刑即笞、杖、徒、流、死5等刑罚。在元代法律中，笞、杖刑都分为5等，以7为尾数；徒刑分为7等，自徒一年起，每等递加半年，最高为5年半；流刑分3等：2000里、2500里、3000里；死刑有绞刑、斩刑两种。诉讼制度开始形成一定程序和规范，并在法律中确认下来。

赡思修定治河书籍

　　至治元年（1321年），赡思将北宋沈立所著《河防通议》、南宋周俊的《河事集》及金代都水监管撰的《河防通议》三书整理合编，"削去冗长，考订舛讹，省其门，析其类，使粗有条贯，以便观览而资实用"，改成《重订河防通议》2卷。此书于顺帝至元四年（1338年）八月正式刊行，共分河改、制度、功程、输运、算法6门，凡物料、功程、丁夫、输运及安桩、下络、叠埽、修堤之法都有详述，是对宋金两代治河经验的总结，是10至14世纪治河的主要文献。

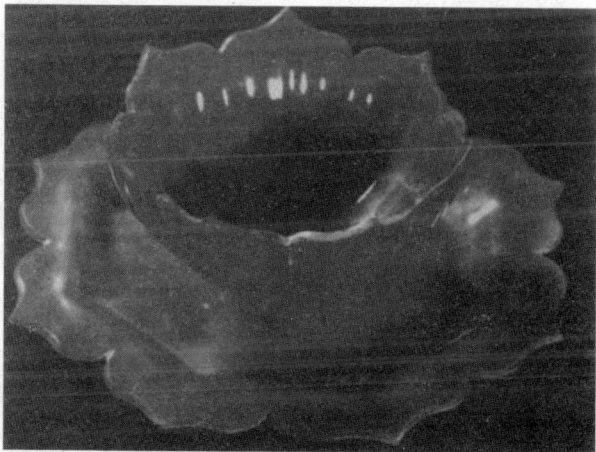

蓝玻璃莲花盏、托，出土于汪世显家族墓中，是元代玻璃器皿的代表作。

　　赡思字得之，原籍大食国，祖父鲁坤

自丰州（今内蒙古呼和浩特白塔）迁真定（今河北正定），遂为真定人。顺帝后至元二年（1336年）任陕西行台监察御史，四年（1338年）改任浙东肃政廉防司事。因病辞归后，谢绝征召，不再做官，而专事学问。是一位精通水利、地理、天文、数字的学者。

颜神镇生产玻璃

元代玻璃生产业在宋、金玻璃业的基础上进一步得以发展。元朝中央和地方都设置许多官办手工业的主管机关和作坊，其中就有专门烧造"罐子玉"的官办作坊及其管理机构，当时称之为"罐玉局"。罐子玉亦称药玉，是一种仿玉玻璃器。

元代玻璃生产分布很广，品种较多。据出土实物分析证明，在江苏、甘肃、

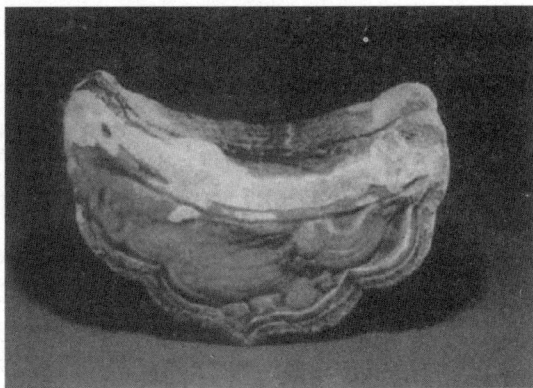
琉璃滴水，上都宫殿建筑遗物

山西、山东等都可能有生产玻璃的手工业作坊。江苏苏州张士诚母亲曹氏墓出土了大量玻璃珠和一件玻璃圭。该玻璃圭为湟白色，内有稀疏气孔，表面有一层白垩，是元代标准的罐子玉。同墓出土的数百粒玻璃珠，均无色透明，大小不一，直径在 0.8 厘米到 0.4 厘米之间。经检测，应是钾铅玻璃。山西大同也有玻璃珠出土。甘肃漳县汪世显家族墓葬中出土的蓝玻璃莲花盏和托，造型优美，色泽艳丽，做工精细，是迄今出土的最完整的一套玻璃盏。

此外，在今天山东原博山县城第一百货商场与姚家胡同的基建工地发现了颜神镇元末明初玻璃炉址，先后清理出大炉 1 座，小炉 21 座，玻璃炉 3 具，还有玻璃原料，玻璃料丝头及玻璃器等。对出土的 11 件玻璃器和玻璃原料进行验测，发现其中 10 件是钾钙玻璃，1 件是钠钙玻璃。它们与苏州曹氏墓出

土的钾铅玻璃有所不同。据明嘉靖《青州府志》记载，颜神镇玻璃是以马牙石、紫石为主要原料，配以黄丹、白铅等熬制而成。

上都造金浮屠

至治元年（1321年）六月，元英宗在上都建金浮屠，用来藏佛舍利。

根据意大利威尼斯人马可·波罗的记载，至元二十一年（1284年）忽必烈曾派遣使者前往锡兰寻取佛牙和佛钵，求得佛发、佛钵及佛牙2枚。但大德十一年（1307年），新即位的武宗又派使者赴西域取佛钵、舍利，可知世祖时实未拿到真品。至治元年（1321年），在上都建造金浮屠，藏佛舍利，看来后一次出使的使者确实拿到了真物，起码这时主掌全国佛教的高僧深信不疑。至正十八年（1358年）十二月，红巾军攻陷上都，焚烧宫阙，佛钵与舍利一同葬身火海。

青花技术的兴起

青花是用氧化钴作颜料，在陶胎上描绘纹样，然后上透明釉，白地蓝花，属釉下彩绘。元代青花技术的兴起，是我国陶瓷史上的一件大事，具有划时代意义。

元釉里赭花卉纹神座

出土文物显示，我国人民对于钴料还原为蓝色的彩釉技术早有认识，战国墓出土的陶胎琉璃珠上已有一些蓝彩。据此推测，这时的陶器可能已使用了钴料着色剂。龙泉县金沙塔塔基出土的宋青花器"青花十釉"，从氧化物的含量分析，很可能采用的是国产钴土矿而着色的。云南玉溪元代青花器所用的色料的氧化物含量与当地

元代青花瓷海水龙纹瓶，为元代青花瓷精品。造型风格是形大、胎厚、体重、画满，从瓶口到瓶足，满饰花纹。

元代青花釉里红开光镂花盖罐，纹饰使用了绘、镂、雕塑、堆贴等多种手法，立体感很强，且色泽明快。

钴土矿的原矿十分接近，以此作着色剂的可能性也很大。

同时，西亚地区盛产钴料，早在 9 世纪这些地区就烧制出简陋粗糙的青花，无疑也对我国青花技术的兴起和成熟产生了巨大影响，尤其是元西征俘获的大批回族工匠被编入官营手工业作坊，并作为骨干力量，也是元朝青花技术兴起并成熟的一大因素。元代景德镇官窑使用的青化料 MnO 含量较低，含铁量较高，还有一定量的砷，与我国出产的钴料的数据明显不同，因此很可能是从西亚进口的。

中国青花技术的发展，从唐代三彩技术的运用以及对西亚伊斯兰地区青花技术的学习并加以改造，到元代中叶，这一技术成熟了。资料显示，我国的青花瓷并不是单一的钴离子着色，而是一种含有铁、锰等着色元素的天然钴土矿或其他钴料着色剂。钴、铁、锰的含量及其相互间的比例和着色氧化物 Al_2O_3，含量的多少，烧制的温度和气氛等，都直接影响着青花的色泽。青花层的厚度通常只有 10mm 左右，很难剥离，其成分也难以单独分析，然而通过对景德镇的元代青花成分的有关比例关系的分析，比较一致的看法是，其为一种低锰高铁的着色钴料。其从西亚进口的可能性很大。这种钴料绘制而成的青花色泽较浓艳，釉面上多带有黑色斑点，"至正型"一类的大型青花器，就是用这种钴料着色的。相反，用国产料着色的青花多无黑色斑疵，饰纹草率简单，器型较小，菲律宾出土的小件元代青龙器就属这类作品。

元代的青花瓷器物品种多样，有盘、瓶香炉、执壶、罐、碗、杯等，其中以大盘较多。纹饰多取材于元代服饰，常见的有菊花、莲花、牡丹、竹、芭蕉、鸭、鸳鸯、鹿、麒麟等。突出特点为胎体厚重，装饰图案繁复，纹饰层次多，如折沿大盘，盘沿多绘海水或斜方格，或卷枝缠枝花纹；盘里绘缠枝或折枝花卉；盘心画莲池鸳鸯或鱼藻、凤凰、花卉、鹭鸶、麒麟、海水云龙纹等。

元釉里红松竹梅纹玉壶春瓶

由于青花料的着色力强，呈色比较稳定，色彩鲜艳明丽，对窑内气氛不很敏感，烧成范围较宽，又是釉下彩，纹饰永不褪色，白地蓝花，明净素雅，因而深受国内外人士青睐。它一出现，就获得了世界声誉，很快发展成外销品和国际市场上的俏销货。还返销到青花的

元青花鸳鸯莲纹盘

原产地西亚伊斯兰地区。中国青花几乎成为中国陶瓷的代名词，影响十分深远。

元代青花技术的兴起以及由此影响而产生的釉里红、铜红釉、钴锰釉、卵白釉等彩釉技术的成熟，说明我国人民对呈色釉剂掌握已达到相当熟练的程度，从而奠定了景德镇造瓷工艺在世界陶瓷史上的地位，为瓷器工艺美术写下了灿烂而辉煌的篇章。

南坡政变泰定帝即位

英宗推行新政，引起蒙古色目贵族中保守派的不满。至治二年（1322年）十二月，拜住以刘夔献田贪污事件为由，大开杀戒，打击保守派政敌。以御史大夫铁失、知枢密院事也先贴木儿等为首的保守势力感到末日来临，决定谋刺英宗，事成后推镇守漠北的晋王也孙铁木儿为皇帝。次年八月五日，英宗从上都南还大都。当晚驻跸于南坡（今内蒙古正蓝旗东北）。铁失、也先贴木儿等趁英宗熟睡之机，以阿速卫兵为外应，发动政变。铁失手弑英宗于卧床之上。此即"南坡政变"。

九月四日，也孙铁木儿即皇帝位于龙居河（今克鲁伦河），封也先贴木儿为中书右丞相，倒剌沙为平章知事，铁失为知枢密院事。之后，诸王买奴建言："不诛元凶，则陛下善名不著，天下后世何由而知陛下心？"十月，也孙铁木儿遂派遣使者至大都（今北京），以即位告天地、宗庙、社稷，并诛杀铁失、也先贴木儿、完者、锁南等参与事变的官员。十一月，也孙铁木儿到达大都。十二月，继续清除铁失逆党。诏改次年（1324年）为泰定元年，史称也孙铁木儿为泰定帝。泰定帝在位仅5年，致和元年（1328年）七月，病死于上都。

帝位争夺战爆发

致和元年（1328年）七月，泰定帝病死上都（今内蒙古正蓝旗东）。八月，留守大都（今北京）的金枢密院事燕铁木儿发动政变，声言欲立武宗之子为帝，并遣使至江陵（今湖北江陵）迎接远在西北的武宗次子图帖睦尔。九月，图帖睦尔即位于大都，改元天历，是为文宗。同时，中书左丞相倒剌沙等在上都立泰定帝之子阿剌吉八为帝，改元天顺，并派诸王率兵南下，进攻大都，两都之战由此展开。

九月，上都王禅、塔夫铁木儿军攻破居庸关，进兵昌平。大都燕铁木儿亲自督军力战，收复居庸关，王禅单骑败走。另一支上都兵攻破古北口，进入顺义境，燕铁木儿领大军掩袭，将上都兵逐出古北口外。燕铁木儿虽在大都城下多有获胜，但整个形势依然严峻。十月十三日，支持燕铁木儿的齐王月鲁铁木儿等人率军突袭上都，倒剌沙无备，奉皇帝宝玺出降，天顺帝阿剌吉八被俘。上都的陷落，使阿剌吉八的支持者不战自溃。陕西、四川、云南等行省也先后相继归附。两都之战以大都的胜利而告结束。

图帖睦尔（文宗）像

文宗图帖睦尔即位后，因担心其兄和世㻋驻西北掌有重兵，于是宣布"谨俟大兄之至，以遂朕固让之心"。十一月，两都之战结束，文宗即遣使迎长兄和世㻋。天历二年（1329年）正月，和世㻋即帝位于和宁，是为明宗。三月，燕铁木儿奉皇帝宝玺北迎明宗。八月一日，明宗至王忽察都（今河北张北北）之地，文宗入见。是日，明宗举行宴会，款待皇太子及随行诸王、大臣。六日，明宗"暴崩"。九月，文宗再即帝位于上都。

《饮膳正要》倡营养学和饮食卫生

元至顺元年（1330年），蒙古族著名医学家忽思慧总结多年宫廷饮膳经验，撰成《饮膳正要》一书。

该书共3卷，记录了多种元代宫廷膳食。食品来源包括汉、蒙、突厥、阿拉伯、波斯等地。卷1首先概述了养生避忌、妊娠食忌、饮酒避忌等。介绍了"聚诊异馔"94首膳食方，其中很多食方都是选用珍贵食物制作的汤、粉、面、羹、粥等，据称有补益强壮作用。卷 2 为诸般汤煎、诸水、神仙服食方、四时所宜、食疗诸病、服药食忌、食物中毒、禽兽变异等。其中"诸般汤煎"收录用荔枝、樱桃、石榴、五味、山药等水果和草药调制的饮料方 56 首，这种配制饮料的方法是元代风行南北的药用形式。在"食疗诸病"项下，收载食疗方 61 首，每方详述调制方法及主治诸病。卷 3 分米谷、兽、禽、鱼、果、莱、料物诸品共 230 多种食物，介绍了诸物的性味、良毒、功效主治、宜忌，并附图 168 幅。所载物品多为北方所产。

《饮膳正要》从饮食营养和饮食疗病的角度，论述了食物的性质和营养价值、烹饪技术、饮食卫生和饮食治疗以及患病期间的饮食制度等内容，几乎涉及现代营养卫生学的各个主要方面。主张防病、治病首先要注重饮食卫生和饮食习惯。书中首先提出"食物中毒"一词并专篇论述，为研究我国古代营养学以及蒙古族饮食卫生习惯提供了丰富的史料。《饮膳正要》是我国现存最早的古代营养学专著，所载食方和药方至今仍有较高的参考价值。

《饮膳正要》中的一幅食疗图

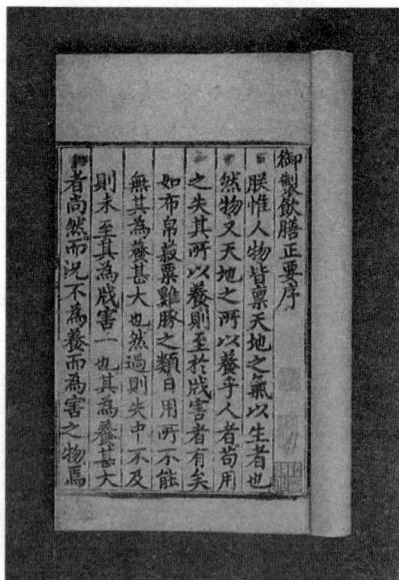

《饮膳正要》书影

意大利教士鄂多里克抵大都

　　泰定二年（1325年），方济各会教士鄂多里克抵达大都，开始进行其传教活动。

　　鄂多里克（1274 ~ 1331年）是意大利方济各会教士。延祐三年（1316年），他开始启程往东方传教，途经伊利汗国都城贴必力思（今伊朗阿塞拜疆的大不里市）、孙丹尼亚（今伊郎阿塞拜疆的苏丹尼耶），继续随商队东行。因伊利汗与察合台汗发生战争，陆路受阻，转而游历极远（今伊拉克巴格达）等地区。至治二年（1322年），他乘船至印度，后又乘船至苏门答腊，历访爪哇、占城等国，抵达广州。随即经泉州、福州、杭州、建康至扬州，由运河北上，于元泰定二年抵达大都。

　　鄂多里克在大都居留3年，曾参加宫廷庆典，以本教仪式为皇帝祈福。

　　其后，他由陆路西返，于至顺元年（1330年）回到威尼斯，寓居帕多瓦，叙述旅行见闻，由教士威廉用拉丁文记录成书，后称之为《鄂多里克东游录》。

上座部佛教在云南得到发展

　　中国佛教三大派系之一的云南上座部佛教，由于在来源、理论、戒律、仪规等方面均与汉地佛教、藏传佛教有明显差异，因此在中国佛教史上具有独特的地位，而傣族地区的上座部佛教是最具典型意义的。

　　云南上座部佛教属于佛教的南传系统，在佛教传入以前，傣族人民信奉以崇拜为特征的原始宗教，佛教是在与原始宗教的激烈冲突中传入傣族地区的。从傣文经典的研究推算，佛教传入傣族不会晚于13世纪。16世纪上半叶，缅甸南方的洞吾王朝建立，迅速统一全境，成为一个强大的政权，西双版纳土司与之联姻，娶缅甸公主为妻，缅甸公主携带大量佛经、佛像到来，推动了云南上座部佛教事业的兴盛。

释迦牟尼死后100多年，佛教分裂为上座和大众两大派，上座部坚持佛陀创教时的一些基本理论和戒律，以正统自居，把释迦牟尼看成是唯一教主，主张个人修行，通过入寺为僧，递次升级，并以在现世证得阿罗汉果为理想的最高果位。他们积极提倡积德行善，谋求自我解脱，以达极乐世界，对于不出

中国西南地区生息着众多的少数民族，也存在着各具特色的多种少数民族医药，有着丰富多采的医疗经验和技术。图为云南少数民族医用的煎药罐。

家的群众，他们宣扬要多作善事，多布施，否则来生将会受到入地狱、转为饿鬼和畜牲的"三恶"之苦。

云南上座部佛教的经典总称为"三藏"。经藏，傣语为"苏点打比打夏"；戒藏，傣语为"维耐"；论藏，傣语为"阿批搭马儿打夏"。傣文"三藏"号称有84000部之多，世界上任何地方的大藏经也没有这样多。由此我们可以看出上座部佛教的繁盛面貌。

根据僧侣所遵循的戒律以及信教群众的日常生活方式，云南傣族上座部佛教可分为四大派：一是摆庄派。这是信仰者最多的一派，其戒律比较宽松，僧侣生活比较舒适，可以穿呢制袈裟，睡觉可以用被褥，可以乘车、骑马、吃肉、吸烟，还可以自由还俗，自由出入民家。二是摆泪派，在西双版纳地区最为流行。这一派有一独特风俗：当和尚升为长老时，须先逃避到山林之中，然后村寨群众四出寻找，找到后用树枝编成轿子，插满鲜花，抬回寺院，进行升职典礼。三是左抵派，主要在德宏、临沧一带流行，以戒律严格而著称，僧侣衣食简朴，睡觉不用被褥，无故不出寺门，出门必须赤足，不许进入民家，不食酒肉，更不能还俗。四是尕列派，从左抵派中分化出来，戒律不如左抵派严格，

僧侣一般过定居生活，不再四处流浪。

上座部佛教的僧阶制度严格，各派僧侣根据年龄和修养，分成不同的僧阶，以摆润派为例，从低至高共有9阶之多。他们是科勇、帕（帕弄、帕因）、督（督弄）、祜巴、沙弥、桑哈扎位、帕召祜、松迪、松迪·阿戛莫里。僧阶的等级精神贯穿于衣、食、住、行各个方面。日常生活中，较低级别的僧侣必须为较高级别的僧侣服役，上层僧侣可以任意处罚、殴打下层僧侣，而法律又规定帕不许控告督。

云南上座部佛教在长期的发展过程中还形成了一套从宣慰街到基层村社比较完善的寺院制度，寺院之间存在上下隶属关系，上级寺院对下级寺院有指挥权，可以批准或取消其决定，下级寺院对上级寺院有请示、汇报的义务。傣族社会实行政教合一体制，土司通过这套完整的寺院制度把教权牢牢地控制在手中，因此这一地区从未发生过政权与教权严重冲突的事件。

上座部佛教一经传入傣族地区，很快便取代了原有的原始宗教，成为占支配地位的意识形态，并且对傣族社会生活的各个方面产生了极大的影响。作为一种高层次的文化载体，它还为傣族人民带来了文字、天文历法，极大地促进了傣族社会文明的发展。

危亦林创用悬吊复位法

危亦林（1277 ~ 1347 年），字达斋，南丰（今属江西省）人，元代骨伤科医家。其曾祖云山曾游学东京，觅得汉代名医董奉25世医方，遂精通大方脉，传至危亦林时共5世，技术更加精湛。危亦林幼承家学习医，临床经验十分丰富，曾任南丰州医学教授。为了总结世家医术经验，从至顺元年（1330 年）开始辛勤写作，至至元三年（1337 年）著成《世医得效方》19 卷。该书的主要内容是总结危氏五世家传经验，收集名医药方。在论及骨伤科时，危亦林十分重视使用麻醉药物，并在前代医家应用川乌、草乌等作为全身麻醉药的基础上，提倡追加使用曼陀罗花的全身麻醉法，麻药用量按病人年龄、体质和出血情况而定，再按照病人麻醉程度逐渐增加或减少，以提高麻醉效果和准确性。他对四肢骨折、关节脱臼、跌打损伤等方面进行详细论述，并有许多创新和发展，从而使骨折和关节脱臼的处理原则和方法更臻完善。他在《世医得效方》中，指出"凡锉脊骨不可用手整顿，须用软绳从脚吊起，坠下身直，其骨使其归窠，未直则未归窠，须要坠下，待其骨直归窠"，完全符合了"俯卧拽伸"的治疗原则。为了加强脊柱骨折的治疗效果，他在强调"莫令屈"的治疗原则的同时，提出以桑白皮和杉木板并用的方法，在当时是很有见地的。直至1927年，Dauis才开始采用与《世医得效方》相同的悬吊复位法，比危亦林至少晚了580多年。危亦林还把踝关节骨折脱伤分为内翻和外翻两种类型，并提出按不同类型施用不同的复位手法。

危亦林像

危亦林是悬吊法治疗压缩性脊柱骨折的创始人，他所著《世医得效方》继承了唐代蔺道人等的伤科经验，系统地整理了元代以前的伤科成就，在伤科学上有很大的发展。特别是悬吊复位法对元代以后骨伤科的进步和发展起着积极作用，同时也促进了中国传统医学和不同少数民族医学体系以及中外医学之间的相互交流。

元明宗被毒死

天历二年（1329年）八月，元明宗被图帖睦尔与燕铁木儿毒死。图帖睦尔第二次即帝位。

图帖睦尔、燕铁木儿打败上都后，表面上奉漠北的和世㻋（元明宗）为皇帝，暗中却策划代立的计谋。本年正月，和世㻋即位于和宁之北。二月，图帖睦尔在大都册立弘吉㻋部人卜答失里为皇后，给自己继续为帝作准备。三月，图帖睦尔派燕铁木儿等奉皇帝玉玺北上迎明宗，对外声明国家政事皆需派人

北上请明宗决断。四月，燕铁木儿见明宗，率百官奉上皇帝宝玺，明宗乃命其为中书右丞相，又遣使者前往大都，立图帖睦尔为皇太子。

五月，图帖睦尔从大都北上迎接和世㻋。毫无戒备的明宗，率群臣由漠北南下，并于六月诏谕中书省臣，凡国家钱谷、诠选等政事，先报皇太子而后奏闻。八月明宗到达王忽察都，图帖睦尔前来会见，并与燕铁木儿下手毒死明宗于行殿，然后赶至上都。九月，图帖睦尔重新即位于上都。

元文宗立奎章阁学士院

天历二年（1329年）二月，元文宗在兄长即位漠北后，于大都兴圣殿西建奎章阁，建学士院，秩正三品，以翰林学士承旨忽都鲁都儿迷失、集贤大学士赵世延为大学士，侍御史撒迪、翰林直学士虞集为侍书学士，又设置承制学士、供奉学士等职。文宗建学士院，是要收罗一批蒙古、色目、汉人、南人中的文学之士，让他们进经史之书，考帝王之治，给自己讲述本朝祖宗明训、古昔治乱得失，为自己继续为帝作准备。同时在学士院中设授经郎二员，以儒家经典教授蒙古勋旧、贵戚子孙以及近侍中的年幼者。文宗第二次即位后，升奎章阁学士为正二品，增设艺文监，检校、刊印书籍。至顺二年（1331年）正月，文宗御撰《奎章阁记》，以示尊崇。顺帝至元六年（1340年）撤销。

奎章阁学士院存在12年，其间受命编纂《经世大典》，参议朝政，对元代文化事业的发展起了一定的推动作用。

张养浩撰《为政忠告》

张养浩（1270～1329年），字希孟，济南（今属山东）人。博通经史。经大臣不忽木荐为御史台椽，出任堂邑（今山东聊城西）县尹，在职10年，政绩卓著。武宗时任监察御史，上疏直言指陈时政，得罪权贵，被免职。仁宗时以礼部侍郎主持贡举，升礼部尚书。英宗时任参议中书省事，不久因父老弃官归养。文宗天历二年（1329年），陕西大旱，特封为陕西御史台中丞，出赈灾民，于任期间去逝。后元朝追封他为滨国公，谥文忠。著有《为政忠告》、《归田类稿》及散曲集《云庆休居自适小乐府》传世。

《为政忠告》，一名《三事忠告》，包括《牧民忠告》、《风宪忠告》和《庙堂忠告》三部分。书中总结了作者出任县令、御史以及在中书省任职期间的施政经验，同也专门论述了官员廉政问题。思想内容主要有如下三个方面：一是发挥了传统儒家学说中的民本思想，要求为政者有重民、富民、恤民的爱民观念，同时还要勤于职守，尽责尽力，注重调查研究，详细了解政务，以便采取适当措施治理好国家，让老百姓富裕起来，并对灾民和鳏寡孤独无依无靠的人给予适当帮助。二是阐述作者廉洁公正的思想。首先他认为廉洁公正是为政者必备的道德品质。要做到廉洁，为政者必须管好自己，管好家人，管好吏员。要作到公正，为政者必须在选拔人才、处理政事方面坚持公正原则。三是阐述了从严治官的思想。他认为，治官最重要的一条原则是赏罚分明；各级官员都应当对自己属下官吏加强教育，严格管理；监察官员要忠于职守，铁面无私，勇于纠绳奸罪，严格对违法官吏进行纠弹。

云南诸王反叛

泰定帝去世，倒剌沙、梁王王禅等支持泰定帝后人在上都即位。上都被大都打败后，王禅被斩。王禅曾坐镇云南，在云南有一批亲信党羽，这时他们开始策划反对中央的行动。至顺元年（1330年）正月，云南诸王秃坚及万户伯忽、阿禾，怯朝等举兵叛乱，攻占中庆路，杀廉访司官，捕捉左丞相忻都都，迫令签署诸文牒。二月，秃坚等攻占仁德府（今云南寻甸），至马龙州（今云南马龙）。秃坚自称云南王，伯忽为丞相，阿禾等为平章，立城栅，焚仓库，以抵抗朝廷。

此时，当地各族土官也乘机起事。四月，乌撒土官禄余杀乌撒宣慰司官吏，领罗罗诸蛮民归附伯忽。禄余以蛮兵700余人据乌撒、顺元（今贵州贵阳）界，立关固守，打败官军。之后，罗罗斯权土官宣慰撒加伯等归附禄余，联合乌蒙、东川、茫部蛮兵屡犯建昌路（今四川西昌一带）。

元廷急忙调遣江浙、河南、江西三省之兵进讨云南。又命行枢密院、四川、

云南行省，诸军分道进讨，命宣政院督促军民严加防备乌蒙、乌撒及罗罗斯，并增兵四川。

汪大渊游历南洋

元代，海外贸易十分繁盛，海上交通随之发展起来，官府也在一些繁荣的港口设立市舶司来管理对外贸易，并编撰一些有关这些港口的地方志，由具有丰富经验的航海家来执笔。汪大渊撰写的《岛夷志略》便是其中一例。

汪大渊（约 1311 ~ 1350 年），字焕章，江西南昌人，是当时有名的海上旅行家，曾两次由泉州出发随商船出海，第一次是在元顺帝至顺元年（1330 年），踏足印度洋地区，历时 5 年；第二次是在至元三年（1337 年），游历南洋地区，历时 3 年。后官府决定修订《清源续志》（清源即泉州），汪大渊由于两度由泉州出海，故受邀撰写《岛夷志略》一章。

《岛夷志略》是一部内容丰富、通晓国际事务的手册，也是第一个环航亚非大陆及其周围岛屿的中国人的记录。全文共计 100 个条目，涉及国家和地区220 多个，包括东南亚、南亚及西南亚地区，以各个国家和地区为区分，分别叙述，内容包括各地的地理、气候、风土、人情等等，十分详尽。书中已有很多具有开拓性的条款，如对于"澎湖"的叙述，明确指出地处"泉州晋江县"，距离大陆"自泉州顺风二昼夜可至"，各小岛分布"三十有六，巨细相间，坡陇相望"，气候"常暖"，风俗"朴野"。特别有一条"至元年间立巡检司"，是现今发现的有关在澎湖设巡检司的最早记载，具有很大的历史价值。

《岛夷志略》不但涉及地理范围广泛，最主要的还是全书绝大部分内容都是作

复圣庙。孔子弟子颜渊为"兖国复圣公"。

041

者亲身经历游览过的，除最后一条"异闻类聚"是由传闻而来外，其余99条都是"皆身所游览，耳目所亲见"，故此书的文献价值可想而知，是后人特别是航海家的重要参考资料。

汪大渊在他出国周游的过程中，广泛接触的有印度教文化、伊斯兰教文化，还有欧洲的基督教文化，而中国的文化通过丝瓷的行销和许多生活用品、新发明的输送，已由南亚、印度洋波及地中海，为16世纪中国和欧洲文化的交流起了推波助澜的作用。《岛夷志略》对中国丝瓷文化在世界范围内的影响作了精细的考察，也为世界上具深远魅力的文化留下了珍贵记录，这使汪大渊得以跻身世界伟大旅行家之列。

元代壁画的杰作——永乐宫壁画绘成

元朝的蒙古统治者看到道教在汉族中的影响而极力提倡，这成为元代道释绘画得以复兴的条件，于是出现了大量的宗教壁画。当时大量画家致力于山水画创作，所以这些壁画多出自民间画工之手，但仍具有相当水平。现尚遗存的永乐宫道教壁画是元代壁画的杰作，大约绘成于14世纪早中期。

永乐宫又叫纯阳宫，宫址原在山西永济县永乐镇，1959年因建三门峡水库被整体迁移至山西芮城县。壁面主要绘制于宫内龙虎殿（又称无极门）、三清殿（又称无极殿）、纯阳殿（俗称吕祖殿）、重阳殿（也称七真殿）内，保存较完整，稍有残缺的是无极门壁画。画的内容是神荼、郁垒、神吏、神将等像，人物横眉怒目，甲胄森严，手持剑戟等器，威风凛然，颇有气魄。

朝元图——举笏太乙。在众多人物肖像中，此太乙最为形神兼备，他侧身倾首，双手举笏齐眉，似在听候吩咐。

三清殿是永乐宫主殿，殿内供奉道教最

朝元图——奉宝玉女。玉女极具温柔娴雅的神韵，服饰高贵富丽，面部和衣纹的线描疏密有致。

道教故事"钟离权（右）度吕洞宾（左）"。人物神情刻画得精细入微，栩栩如生。

高的尊神三清像，塑像已毁，殿内壁画高 4.26 米，全长 94.68 米，壁画总面积达 403.33 平方米。壁画的主体部分是《朝元图》，系洛阳名匠马君祥长男马七待诏和门生王秀先等人所绘，完工于泰定二年（1325 年）。其画面结构与传世之宋代武宗元所绘《朝元仙杖图》及徐悲鸿纪念馆所藏《八十七神仙卷》相似，也可能是依据早期的粉本绘制的。《朝元图》的内容是以 8 位着帝、后装束的立像为中心的 290 来个神祇朝谒元始天尊的盛大场面。神像身高皆在 2 米左右。按照传统的表现手法，将 8 位立像身材画得高于周围人物。画家通过人物的动态、表情、华贵的冕旒、衣饰、坐具和头光、华盖、供具，以及周围人物恭谨的态势，突出了其王者的雍容气度。在主像周围的众多神祇中，有一些可从其形象特征和服装、用具上识别出具体名号，如天蓬、天猷、黑杀、真武四圣及其随从、玄元十子、廿八宿、美丽的天女等。画家力图在统一的环境氛围中赋予这众多的神像以不同的个性特征，群像的神态刻画严谨细致，各种人物的身份、气质都被表现得形神兼备。浩大的场面，由人物的不同表情、动作而相互沟通，组合紧密而不局促，形成一个相互呼应的群体。画面以紧劲圆浑的线条勾勒，轻重顿挫，变化丰富，具有很强的装饰性。着色主要用石青、石绿、朱砂、石黄等矿物颜料，沥粉贴金，堂皇富丽。

　　纯阳殿、重阳殿壁画风格近似，均采用连环形式，寓众多内容于一壁。其中纯阳殿的《纯阳帝君仙游显化图》、《钟离权度吕洞宾图》，由画工朱好古门人张遵礼等人绘制于至正十八年（1358年）。重阳殿壁画内容是王重阳的故事传说，具体绘制年代不详。这两殿壁画都是逐幅连续的大构图，内容包罗万象，有亭台楼阁、山野村舍、云雾树石、舟船、茶肆、私塾、园林，又有贵官学士、商贾农夫、乞丐等人物，是研究宋、元社会风俗颇为珍贵的形象资料。在纯阳殿殿门两侧南壁绘有对幅道观醮乐和道观斋供图，人物生动，绘画风格卓有古意。

朝元图——木公与金母诸像。画面形象神情各异，金童活泼、玉女俏丽、文官温顺、武将勇猛。各像之间也互相呼应。

　　永乐宫壁画的绘成，显示出元代民间画家的卓越才能。其壁画技法继承和发展了唐宋以来宗教人物画的传统，开相端庄生动，线条遒劲流畅，色彩绚华明丽，是元代美术的珍贵遗产。特别是三清殿的壁画规模最大，绘制最精，代表了元代壁画艺术的最高成就。

汉族文人多放浪

元朝政府重武轻文，重实用轻词章，这就使文人无用武之地，最终造成他们的放浪生活。

早在元太宗时，元朝就有"儒户"制度，免儒户差役，但法令没有得到很好的贯彻，加上统治者的朝令夕改，如皇庆元年（1313 年）明令"儒户差泛杂役……与民一体均当"，使许多元朝文人都穷困潦倒。"九儒十丐"，说明了元朝一般文人贫穷得几乎与乞丐一样。

虽然元朝也有求儒之举，但政府始终重武轻文，重实用轻词章，使文人在生活上、政治上和精神上受到相当的压抑。于是他们走向两个极端：一是遁迹山林，一是纵情放浪。这成为元代文人的生活风尚。

当时，无论是在朝的还是在野的，得意的还是失意的，已经做官的还是未做官的，都向往山林田野，讴歌山水隐逸之乐趣。如李俊民在《和河上修桥》诗中说："龙种不爱凌烟像，只有山林志可酬。"道出了一部分文人的心声。

另一部分而且是更大批的文人则向往于纵情放浪，不拘名声的生活。

贯云石以散曲著称

贯云石（1286 ~ 1324 年），原名小云石海涯，自号酸斋，又号芦花道人，维吾尔族人，元代散曲作家。他是当时成就较高的一位少数民族作家，曾任翰林侍读学士等职，后来为了避免卷入政治风波而称病辞官，隐居于江南杭州一带。曾在杭州市中卖药，无人识之。他文武双全，接受过汉族文化的教育，在诗歌、书法等方面都有一定的成就，以散曲最为有名。从他的为人和作品中可以看到元代各族文化互相渗透的情况。后人将他的散曲与当时南方另一散曲家徐再恩的作品编在一起，合称《酸甜乐府》，共存小令 86 首，套曲 9 首。

　　贯云石的散曲多描写山林逸乐生活与男女恋情。由于他出身于西域武官家庭，又长期生活在山明水秀的江南，因而形成了其不仅豪放洒脱且兼江南文学清秀媚丽的俊逸风格。如小令《正宫·小梁州·秋》，是一首描绘自然风光、景致的散曲，表现出诗人开朗的性格。曲的开头写道："芙蓉映水菊花黄，满目秋光。"芙蓉，此处指木芙蓉，是秋天开淡红或白花的一种落叶灌木。这两句紧扣主题，通过具体的景物，把秋光点染。"枯荷叶底鹭鸶藏，金风荡，飘动桂枝香"是对秋景的进一步描写。这三句承接前两句，由视觉转移到嗅觉：这宜人的秋景，不但有色，而且有味。下片"雷峰塔畔登高望，见钱塘一派长江"是写诗人登高远望，见长长的钱塘江水，浩浩荡荡，奔流入海，一派壮观的景象。接下来四句："湖水清，江潮漾。天边斜月，新雁两三行。"描写荡漾的江河湖水、斜挂天边的月亮和飞行的大雁，有动有静，动静结合，构成一幅美妙的图画。在这幅金秋图卷里，透露出一种春的气息，给人一种"不是春光，胜似春光"的美的享受。

　　此外，贯云石的作品也有一部分是对当时黑暗政治的嘲笑和反抗，如《双调·殿前欢·吊屈原》。从表面上看，这首散曲是在讥笑屈原，其实并不是真正的讥笑，而是在狂笑中满含酸楚的泪水，是在吊屈原："伤心来笑一场，笑你个三闾强，为甚不身心放？"诗人在这里运用抑圣为狂、长歌当哭的手法，把自己复杂的心情曲折地流露出来，表现出对当时统治阶级极端厌恶的态度。

　　贯云石的散曲在当时最为流行，歌唱起来，响彻云汉。他曾为海盐腔的创造和传播作出了一定的贡献。同时，曾为《小山乐府》、《阳春白雪》作序，使他成为最早的散曲评论家，在当时的散曲界十分活跃，颇有影响。

王冕诗画自成一格

　　王冕（？～1359年），字元章，号煮石山农，会稽（今浙江绍兴）人，元代诗人、画家。他出身贫寒，7岁放牛时就好读嗜画，学问很深但却屡试不第，仕途失意后更增加对元代腐朽统治的憎恶，返乡后以卖画为生，寄愤情于画墨梅，成为元代画墨梅最有新意，成就最高的画家。他曾自题《墨梅图》卷："我家洗砚池头树，个个花开淡墨痕，不要人夸好颜色，只留清气满乾坤。"

王冕的《墨梅图》卷。此卷画一枝报春的梅花，花瓣用墨染成。全画生气盎然，清新悦目。

显示了画家超脱俗世的个性。他画梅学习了宋华光和尚和扬无咎，后自成一体，创"以胭脂作没骨体"，又创"密梅"的新画法，撰有《梅谱》，详论画梅渊源和画法要点，后人画梅多从中吸取有益之法。他的传世作品有水墨点瓣和白描圈瓣二体，前者以《墨梅图》卷为代表；后者以《墨梅图》轴为代表，此图画一倒垂老梅，疏花秃枝，满幅充溢着嫩俏清寒的冷峻之气。王冕所作的梅花不论点瓣、圈瓣，都画得枝梢挺秀纤细，呈富有弹性的孤线，上缀密蕾繁花，在清妍中透露出旺盛的生机，和宋代人所画的铁杆疏花、有苦寒之态的梅花有所不同，所以《图绘宝鉴》中评价他的作品是"万蕊千花，自成一家"。他有时在画白描圈瓣梅花时还把背景全部用淡墨染暗，比宋代汤正仲的"倒晕"更能衬托出梅花的高洁，所以当时人称赞他的作品有"上有万点冰花明"之句，都表明了他画梅的独到之处。明魏成宪也曾夸赞他画梅花："山农作画同作书，花瓣圈来铁线如，真个匆匆不潦草，墨痕浓淡点椒除。"王冕的墨梅确实取得了很高的艺术成就。

王冕出身农家，长期生活于民间，在元末阶级矛盾日益尖锐的情况下，还写了许多反映社会现实的诗。其诗作集中保存在《竹斋诗集》（4卷）及附录（1卷）中，诗作的思想内容较为丰富，主要表现对人民生活疾苦的同情，对权贵的腐败骄奢的谴责，以及对功名利禄的轻蔑。如《伤亭尸》中用"天明风启门，僵尸挂荒屋"的凄惨景象，写出了一个盐民在课税催逼下全家丧

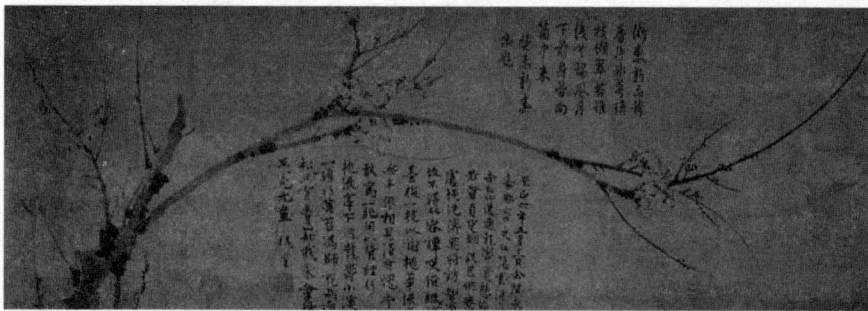

王冕的《墨梅图》卷。写出野梅清疏的风姿，笔墨精炼蕴藉。梅花的画法，发挥了杨无咎"笔分三真趣攒成瓣"的圈花法，改一笔三顿挫为一笔二顿挫，花须花衣随意点簇，颇为洒脱。

亡的悲剧。《痛苦行》中"京邦大官饮酒肉，村落饥民无粒粟"；《江南民》中"淮南格斗血满川，淮北千里无人烟"，都大胆揭露了社会弊端，较为深刻。而在《对景吟》中写"五陵年少郎，卖田去买青楼娼"，则揭露了官僚地主的荒淫无耻行径。而对黑暗的现实，他不愿同流合污，常借咏梅以表现自己不甘随俗沉浮的品格志向。如《白梅》中"冰雪林中著此身，不同桃李混芳尘。忽然一夜清香发，散作乾坤万里香"。他的诗风质朴豪放，善于运用对比手法，在元代诗歌中属上乘之作。

王冕的诗画所取得的思想和艺术成就都很高，而且自成一体，风格独具。

卢以纬研究汉语虚词

卢以纬，字允武，东嘉（今浙江）人。

泰定元年（1324年）他著成《语助》一书，这是我国研究汉语虚词用法最早的一部专著，改变了以往零星研究虚词的状态。此书共计66个条目，分析了135个虚词（包括单音虚词、复音虚词）或固定结构，研究了它们的语法意义、语法功能。

在研究方法上，卢以纬注重比较研究，以辨析字义差异见长。具体说来，他的研究有以下几个特点：

第一，注意从声音、意义和语气轻重缓急的不同来辨析虚字。

根据声音不同辨析的，如"也、矣、焉"："是句意结绝处。'也'意平，'矣'意直，'焉'意扬。发声不同，意亦别。"根据意义不同说明虚字用法的如"且"："有宽缓说来之意；有漫尔如此之意；或有苟且之意；或有将次之意。"根据语气轻重缓急的不同去分析的，如"呜呼、吁"："呜呼，嗟叹之词，其意重而切。'吁'亦咨嗟之词，其意稍轻。"

第二，注重从位置的不同来分析虚词。如"而"："是句中转折带此声以成文见义。句首有'而'字，亦是承上文转说下意；句末有'而'字，却是咏歌之助声，与'兮'字相类。"

第三，通过对同类义近虚字的比较来研究虚字。如"于"："是指那事物或地名之类而言，故着一'于'字以指定之，与'於'字相类，微有轻重之别。'于'比'於'意略重。"

第四，拿虚词与俗语、口语对比研究。如"尔"："'尔'字有带'此'字意处，俗言'恁地'。"

作为虚词方面的草创之作，《语助》还存在着不少缺点，如收词缺漏很多，体例不够严密等。

果木栽培技术发展

金元时代，在农业技术全面发展的同时，果木栽培技术也获得了长足的进步。

关于截果树主根法，宋代《桔录》已有记载，元代《农桑衣食撮要·骟诸色果木树》对此进行了更为详细的阐述，说树芽还没生发的时候，就在根旁边挖开土，必须挖得既宽又深，找出主根并把它截断，保护周围的乱根，用土小心地覆盖好，捶打结实，这样，果树就会结出肥大的果实。这是一种通过促使根系四散，以便吸收更多营养的果树培植方法。

《桔录》中已有关于果树整枝方法的记录，指出剪除繁盛的不能开花结果的枝叶，以使其通风透光，长出新枝，说明宋代对整枝的目的和要求已有明确认识。《农桑衣食撮要·修诸色果木树》进一步指出：削去低矮小乱的枝条，不让其分散营养，结出的果实自然肥大。可见其认识的科学性。

由于元代对蚕桑业极为重视，使人们对桑树种植展开了深入的研究，桑树嫁接技术获得了飞速发展。《农桑辑要》和王祯的《农书》对此作了总结，成为现存古代农书中这方面最完整的技术资料。

《农桑辑要》记述的桑树嫁接法有"插接"、"劈接"、"靥接"、"搭接"4种。王桢的《农书》中则有6种，包括"身接"、"根接"、"皮接"、"枝接'、"靥接"、"搭接"。其实两者在内容上基本相同，"身接"与"根接"、"枝接"与"皮接"嫁接部位不同而实际方法是一致的。但这种认识显得更为细致，反映了当时这方面技术已达到相当的水平。此外，王祯对树木的杂交优势已有明确的认识，还对嫁接成活的生理机制和改良品质方面的作用作了合乎科学的分析。认为嫁接以后，两种树的气相融合，坏的品质可以被好的取代。这种分析促进了人们对嫁接目的的正确认识和理解，对当时和以后都产生了重大影响。

《大驾卤簿图》卷（部分），曾巽申（1282～1330）所作。此图工笔绘人物车骑。凡仪仗部伍导从，依卤簿阵势，均右向排列，作前进状。画幅中有分段说明题记，记载兵官品制、名数并有考证。不同仪仗之近旁题榜标名。

吴师道著《战国策校注》

从古书的注释方面看,元代的训诂学是有一定成就的,而其中吴师道的《战国策校注》水平最高,影响最大。

吴师道,字正传,婺州兰溪(今浙江金华)人,所著《战国策校注》成书于泰定二年(1325年)之前。

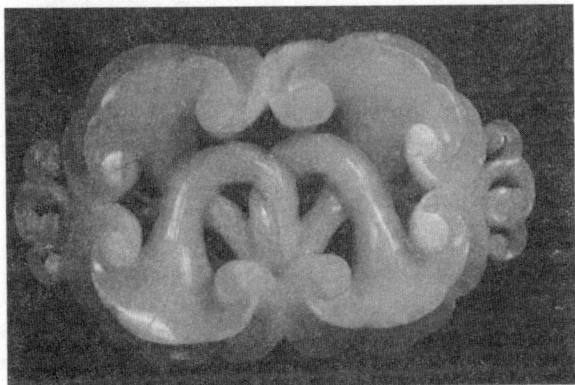

高诱注的《战国策》到宋代已经残缺。北宋曾巩曾经综合各种版本对它进行校正;南宋姚宏、鲍彪又分别进行整理,对高注都有所补正。但吴师道认为鲍彪的校注仍

元玉凌霄花嵌饰

有不少缺点,因此作《战国策校注》以补正鲍注。他以鲍彪的校注本为底本,参证姚宏的校注本,并博采群书而写成该书。此书篇次一概以鲍书为准,但改变了原书许多章节的次序,每条注释之下,凡有所增补的称"补曰",纠正鲍彪说法的称"正曰"。如:《战国策·赵策四》:"愿令得祁黑衣之数,以卫王宫。"鲍注:"黑衣,尸祝之服,所谓袨服。"又《萧望之传》注:"朝时揩著皂前。"正曰:"袨服,韵书:好衣也。按《晋舆服志》,秦人以袨为祭服,鲍其误以'袨'为'袨'乎?《增韵》:黑衣,戎服。《左氏》均服振之,均即袨。以下文'卫王宫'推之,戎服是也。"

吴师道训诂主要在疏通文义,文字不繁复,考证的话也不多。虽然其补正也有许多不恰当的地方,但就全书而言已达到相当高的水平,《四库提要》评价说:"古来注是书者,固当以师道为最善矣。"

诉讼制度成熟

元代以前的中国古代法典，从来没有将"诉讼法"作为一个独立的法律门类，单独成篇。北齐时，《斗讼律》才真正涉及诉讼法，但也仅是《斗律》的附件。隋唐法典袭用北齐"斗讼"之名，情况并无改变，虽有许多条目涉及诉讼法，但诉讼仍不占突出地位。

到了元代，据《大元通制》、《元典章》、《经世大典·宪典》以及《元史·刑法志》看，《诉讼》已在元代法律体系中独立成篇，元代诉讼制度已经成熟，主要体现在如下方面：

元代法律规定，告状人必须在抬头注明姓名，署明写状年、月、日，写明所告事由。明确了书写诉状的格式，使法律文书规范化。据日本元禄十二年（1699 年）翻刻的元泰定二年（1325 年）本《事林广记》载，"写状法式"有 17 种；又有《事林广记》至顺刻本别集《公理类》载"告状新式" 14 种。

其次，民事诉讼与刑事诉讼开始出现分离趋势，如对民事诉讼的当事人一般不许羁押，一般婚姻、家财、田宅、债负案件，听任社长调解处理。同时又规定在不妨农时的月份，由正官受理民事案件，而由各级推官专治刑狱。

再次，代诉在元代也开始制度化。元代法律规定："凡陈词年七十岁以上、十五岁以下，笃废疾，法度不合加刑，令以次少壮人丁代诉。"也就是说老、少、残疾人可请他人代诉。此外，闲居官若与百姓发生婚姻、田宅、债负之类民事纠纷，可令子孙、弟侄或家人代诉。

最后，为调整不同民族、不同身份、不同户籍以及僧侣之间的刑名词讼，元政府制定了由不同当事人的直属上司会同地方官共同审理案件的"约会"制度。

元代诉讼制度的程序化与规范化，结束了中国法律文明发展史上只有实体法，没有独立程序法的时代，是蒙古族对中华法律文明发展的一大贡献。

建宁成为书坊中心

　　为适应科举需要而刊行的经典、正史、史书的节本、纂图互注子书、字书及为应科举考试的模仿文章等都需要刻书，因此，元代书坊刻书比宋代更为兴盛。

　　元代书坊分布以福建宁府为中心，这里是书坊聚集之所，建阳、建安两县则最为著名。在建安县，就有崇化镇余氏勤有堂、麻沙镇刘氏南涧书堂、叶景逵的广勤堂、刘锦文日新堂、郑天泽宗文书堂等著名书坊，历史悠久。其中最负盛名的是余氏勤有堂和叶氏广勤堂。

　　余氏祖先北宋时已在建阳以刻书为业，余氏到各地选购纸料，然后印"勤有"字样，所以乾隆时所有米芾墨迹的纸幅上尚有"勤有"牌记，可见勤有堂的名号相传已久。余氏的刻书业，以岳珂所推重的余仁仲为最盛，到明代仍未衰。元统（1333～1334年）年间，勤有堂刻苏天爵《国朝名臣事略》，至正（1341～1367年）年间刻《广韵》。由于余氏书坊望重，当时官刻书亦多由勤有堂刊行。

　　与余氏勤有堂齐名的还有建安的叶氏广勤堂。余氏书坊盛于南宋，而

朱德润的《林下鸣琴图》轴。画风学李成和郭熙而有新意。他赞同赵孟頫"书画同源"的主张，以书法用笔作画。

广勤堂盛于元明。广勤堂刻书很多,特别是该书坊曾得到大量余氏书版的版片,将其牌记剜去,则刻以"广勤记"的木记。

郑天泽宗文书堂于至顺元年(1330年)刻刘因《静修集》22卷、补遗2卷,这是《静修集》最古最完备的本子,《四部丛刊》就是据此本影印的。

叶德辉对坊刻本的评价说:"坊估无学,实形鄙陋,惟其板刻精美,为坊肆当行。"书商非学者,故坊刻书不及家刻本校勘精细,但其版式、字体均善,数百年后,即使是元坊刻本也已成为清代藏书家珍视之宝。

苏天爵撰《元朝名臣事略》

苏天爵(1294~1352年),字伯修,真定(今河北正定)人,人称滋溪先生,是一个学问深、见识高的史学家、诗人、文学家和文献整理者。他鉴于宋朝以来史官不能尽职,所记事迹很多歪曲了事实,便以一人之力编纂了《辽

朱德润的《松溪钓艇图》卷。朱德润(1294~1365),其画承赵孟頫的文人意趣,多写文人学士在山林里的游赏闲居和雅集活动,所画林木疏秀苍润,笔势劲逸奔放。图中松树用笔尖劲爽利,精巧有致。坡石皴法婉和温润,浓淡相间。人物用白描法,笔简但神态生动。画风学李成和郭熙。

金纪年》以及分 15 类编纂了《国朝文类》70 卷，时人称赞说："是则史官之职也，夫必有取于是也。"他还著有诗稿、文稿等多种。

苏天爵最有成就的代表作是他撰写的《元朝名臣事略》（初名《名臣事略》或《国朝名臣事略》）15 卷。这是一部关于元朝前期、中期的人物传记，大约撰成于元文宗天历二年（1329 年），收录了元初至延祐年间（1314～1320 年）从太师诸王以下文武大臣共 47 人入传，按蒙古人、色目人、汉人、南人的秩序加以编次，多根据各人的墓碑、墓志、行状、家传或一些可信的杂书来撰述，凡引用的材料均标明了出处以表明其可信度。全书从穆呼哩开始，到刘因结束，秩序井然，线索分明，反映出苏天爵的严谨精神。

这本书的最显著特色是着重于对人物资料的搜集、整理、编辑，撰写者主要撰写各篇传记前面的提要，用来交代传主的名讳、郡望、任官、卒年及享寿多寡。读者读了前面的提要，再读后面的"事略"，就非常清楚明了，可以留下深刻、全面的印象。此书另一特色是生动地反映出了传记中人物神采各异、事功卓越的风貌。这本书在编纂方法上参考了朱熹的《名臣言行录》的体例而始末较详，又参考了杜大珪的《名臣碑传琬琰集》而不尽录全篇，有所弃取。后代人撰书多以此书为参照，后人曾评价它"不失为信史"，说明了这部史书的突出成就。

赵孟頫绘画主张有古意

赵孟頫是元代画坛的领袖人物，是元代文人画的主要奠基人。赵孟頫认为作画贵有古意，这是他审美思想的核心。他提出了崇尚唐人的艺术思想，实际上否定了宋代院体刻意求形的写实画风。借崇古以创新，强调画人物要描绘出其性情为佳，他画山水亦重师法造化。赵孟頫还将书法与绘画用笔有机地结合起来，揭示了书画的内在联系。赵孟頫身体力行，擅长山水、花鸟、人物、鞍马和竹石墨戏，工笔、写意、设色、水墨无一不精，对元代文人画的兴盛在理论、技法、风格上都起了开辟道路，转移一代风气的作用。

赵孟頫（1254～1322 年），字子昂，号松雪，又号水精宫道人，湖州人。宋朝宗室，早年以父荫补官，任真州司户参军。元代被荐引入都，历任同知济南路总管府事、江浙行省儒学提举、翰林侍读学士。延祐年间，改任集贤学士、翰林学士承旨、荣禄大夫，去世后被封为魏国公，谥文敏。在元代深受元世祖和元仁宗的宠遇，尤其是仁宗十分敬重他的才华，将他比作李白和苏轼。他博学多才，工古文诗词，通音律，精鉴赏。著有《尚书注》、《琴原》、《乐原》各1篇，诗文著作有《松雪斋文集》传世。

赵孟頫的绘画渊源，主要取自晋唐和北宋。工笔重彩的人物鞍马画，多保持唐人风范，法度严谨，风格古朴。白描水墨取法李公麟，山水画出自董源、巨然和李诚、郭熙两大体系，但他能脱去精勾密皴之习，参以唐人高古之趣，自创新格。他尤其善于把书法用笔融入绘画之中，创用枯笔淡墨，浅绛设色的方法，格调疏淡隽逸，在花鸟画方面，赵孟頫融合徐熙、黄筌二体，兼工带写，不事工巧，而以清疏淡雅取胜。他的兰竹画继承苏轼、文同、赵孟坚的传统，采用飞白书法写竹石，进一步丰富了文人墨戏画的表现技法。

赵孟頫传世画迹，呈现两种画风：工整和疏放。工整者浑穆精丽有唐人风韵，如《浴马图》（故宫博物馆藏），画唐代圉夫洗浴皇家良驹，人马用游丝描，刻划得十分细腻生动，坡石、古木笔法沉厚，设色以突出人马为主，间用青绿，敷彩清丽华美，笔墨疏放

赵孟頫的《洞庭东山图》轴。笔墨从董源的规范中变化而来，柔和流畅的披麻皴和疏密相间的点苔，表现出江南草木华滋的土山形貌。细密的鱼鳞水纹，写出大湖碧波潋滟的水光。山峦和坡石罩染淡淡的石青、石绿和石赭，以花青点染树叶，画面色调明洁清雅。这种浅绛山水是赵孟頫在唐、宋青绿山水基础上发展起来的新风貌，对元代山水画风影响很大。

赵孟頫的《红衣罗汉像》卷。此图重设色画嘉树下绿石坡上一梵僧，着红色袈裟，盘膝侧坐，左掌平伸作示人状。面部渲染不用平涂，神态生动，风格浑穆。作者自云乃用唐人卢楞伽之法为天竺僧写真。

赵孟頫的《人骑图》卷。此卷画一奚，乌帽朱衣，按辔徐行。人物神态奕然，骏马造型准确。此图用笔精工，缜密严谨，笔意古朴秀雅。是赵孟頫人物、鞍马画的代表作。卷末自题云："吾自少年便爱画马，尔来得见韩干真迹三卷，乃始得其意云。"说明赵孟頫深得韩干画马之法。

秀逸者有《鹊华秋色图》（台故宫博物院藏），画的是济南郊外的鹊山和华不注山，整幅作品具有宁静、闲适的抒情基调，多用干笔皴擦。这种干笔画风在他的《水村图》卷（故宫博物院藏）里更为醇熟。另外，还有写真写实的画迹如《红衣罗汉图》卷、《秋郊饮马图》卷、《人骑图》卷和《奚官调马图》卷等。他的竹石画如《秀石疏林图》卷和《怪石晴竹图》卷等，皆以纵逸之笔抒写，其清俊的绘画风格极大地吸引了后世文人画家的追崇和效仿。

赵孟頫一家皆长于书画，名于一时。赵孟頫自至元二十三年（1286年）入仕元廷直至至治二年（1322年）在故里去世，其绘画活动沟通了南北画风，从崇尚唐人为创作宗旨，在山水人物和花鸟画中树立了清新雅致的艺术格调，开创了元代文人画的新面貌，在他的影响下，朝中和江南涌现出一批画风各异的文人画家。

三大家主宰元初书坛

元初书坛三大家赵孟頫、鲜于枢和邓文原，转变了南宋一味崇尚苏、米的形式主义文风，提倡"专以古人为法"，深研晋、唐先贤的书法，对元代

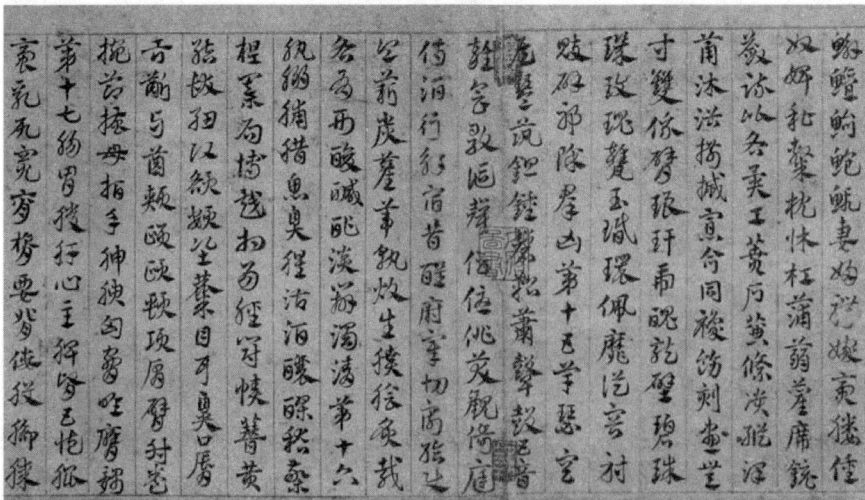

邓文原的《急就章》卷（部分）。比起南方古拙的古章草，已变异为挺健秀雅的新风貌。

书法的影响极大。

赵孟頫（1254 ~ 1322年），字子昂，元代湖州（浙江吴兴）人，号松雪，人称"赵松雪"、"赵吴光"，是宋太祖之子秦王德芳的后裔，太祖第十世孙。

赵孟頫从5岁起开始学习书法，书写十分勤奋，"下笔神速如风雨，一日能书一万字"，篆、隶、楷、行、草都很有造诣，以楷书见长，与颜、柳、欧齐名，人称"欧、颜、柳、赵"。

赵孟頫以"师古"为门径，创新为要旨，力诫南宋仿苏、米之风的"近体"，而是广泛学习晋、唐各大家的名迹。他的篆书学习《石鼓文》、《诅楚文》，隶书学习梁鹄钟繇，行书学习逸少、献之；他最倾心研习的，是王羲之的《圣教序》与《兰亭》、《十七帖》，后又学习李北海，最终创出"赵书"一家三体。

在赵书成就最高的行书与楷书中，传世的名作有《湖州妙严寺记》、《胆巴碑》、《仇彦中碑》、《仇锷墓志铭》、《御服碑》等。他的书风

赵孟頫《仇锷墓碑铭》书影

随着师承变化而渐趋成熟，早年笔风纤秀，以草书《千字文》为代表；中期自成一体，在小行书《洛神赋》和大行书《烟江叠嶂诗》中创造了遒美秀逸、舒展劲健的风格；晚年则达到了严谨、活脱，内敛与潇洒的高度统一，以《胆巴碑》为代表。

赵孟頫在元代复古尊帖的风气中起着带头的作用。他在书法史上有两大

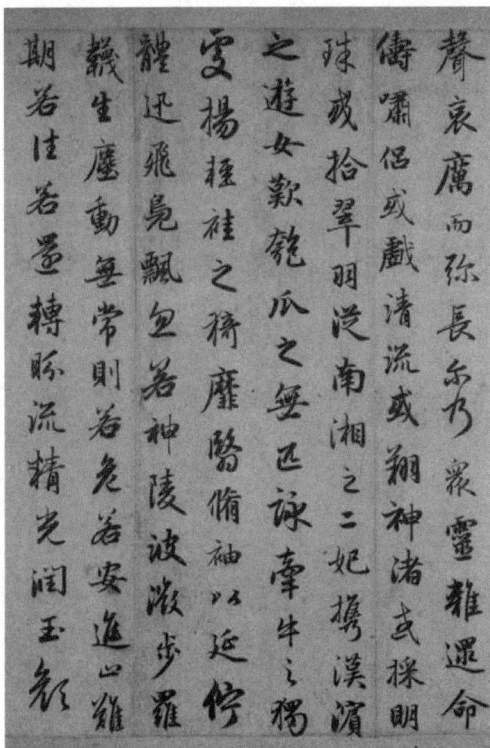

赵孟頫的《洛神赋》卷（部分）

建树：一是振兴章草，二是振兴楷书。他的书法理论主要是师法古人，重用笔，重工勤。他的书法贡献集中在对晋唐大家的悉心苦研和确立鲜明独特的个人风格上。赵孟頫的书法对元代以至后代的书法艺术均产生了深远的影响。

元初的另一位书法名家是鲜于枢。鲜于枢（1257～1302年），字伯机，号困学山民，渔阳（今河北蓟县）人，官至太常寺典簿，为朝鲜族后裔。鲜于枢书法初学金人张天锡，后又学晋唐人的行楷，小楷学钟繇，草书学怀素，而集诸家之大成，尤以大字、草书知名。据传他是看到两个挽车人在泥沼中行进而悟到笔法的意象的。

他的执笔最有特点，使用独特的回腕法，写字强调胆力。他的小楷似钟王而雅有风神，大楷则凝重具有唐人风范，草书则体势高古，行书雄浑纵肆，笔法极为超群。他作书好借酒力，用秃笔挥写，有圆浑朴拙和苍厚凝古之意。他生前与赵孟頫是好友，其书法也被世人与赵书并提，在当时已能与赵孟頫相伯仲。人们评论他与赵书之异同，认为他具有河朔之气，如渔阳健儿，奇态横发；而赵孟頫则像一位贵族公子，丰神清朗。鲜于枢传世佳作有《杜工部行次昭陵诗》卷、《苏轼海棠诗》卷、《王荆公诗》卷、《张生帖》、《王安石杂诗》卷、《归去来辞》、《韩愈石鼓歌》等。

元初与赵孟頫、鲜于枢鼎足而立的书法家还有邓文原。邓文原（1258～1328年），字善之，号素履先生，绵州（今四川绵阳）人，后迁徙至杭州。少时虽然家境贫寒，但他刻苦学习，15岁已通《春秋》，官至集贤

直学士。他早学二王，后学李北海，以擅长草书而著名，兼工真、行，书法笔势流转，飞翔自如，健硕充伟，秀丽谨严，以楷、隶笔法融入草书，别有风采。他曾与赵孟頫、鲜于枢共同切磋书法，三家并立。他的传世佳作有大德三年（1299 年）所临的《急就章》、至治二年（1322 年）写成的《书清居院记》。《急就章》是他临写三国东吴皇象的力作，笔姿近晋人索靖的《月仪帖》，成就很高。

　　元初三大家对元代及后世书法艺术产生了深远的影响。

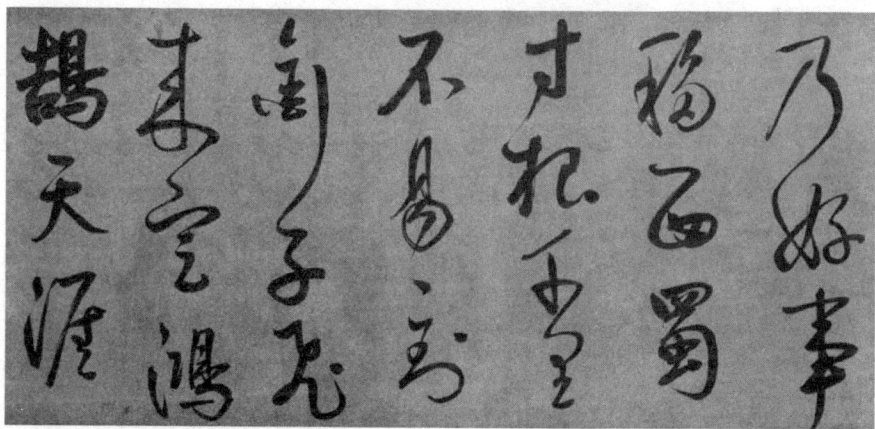

鲜于枢的《苏轼海棠诗》卷（部分）

中华文化走向世界

元朝

1331 ~ 1340A.D.

1332A.D. 元至顺三年

八月，文宗死。十月，明宗第二子懿璘质班立，是为宁宗。十二月，宁宗死。迎明宗长子妥懽帖睦尔。

1333A.D. 元至顺四年　元顺帝妥懽帖睦尔元统元年

二月，妥懽帖睦尔至大都，以权臣燕铁木儿忌之，未得立，比燕铁木儿死，六月乃即位。

1336A.D. 元至元二年

刘鉴著成《经史正音切韵指南》。

1337A.D. 元至元三年

正月，增城县民朱光卿等起事。二月，陈州民棒胡（胡闰儿）以拜李老君、弥勒佛聚众起事于信阳。

四月，命省院至路府幕官之长并用蒙古、色目人，禁汉人、南人学蒙古、色目文字。

七月，朱光卿等败死。是岁，右丞相伯颜请杀张、王、李、赵、刘五姓汉人，不从。

1331A.D.

日本北条高时遣兵入京。九月，北条高时拥立太子为光严天皇。

1333A.D. 北条氏执幕府权凡141年而亡。

1334A.D.

意大利名雕刻家、建筑家与画家乔托（1267 ~ 1337）约在此时前后最活跃。

1335A.D.

希腊古典作品开始在意大利复兴，同年在佛罗伦萨有讲授荷马史诗者。

1336A.D.

八月，日本足利尊氏拥皇子为光明天皇，执后醍醐天皇，仍有建武年号。

1337A.D.

印度德里苏丹穆罕默德集骑兵10万人，拟通过尼泊尔大举进攻中国，兵溃于喜马拉雅山中，大败而还。

1338A.D. 日本室町幕府开始。

神圣罗马帝国遂完全脱去教皇之控制。英法两国间之"百年战争"开始。

1340A.D.

印度马巴总督哈山率领人民反抗德里苏丹之残暴统治，杀苏丹官吏，宣告独立，苏丹穆罕默德率师前往镇压，大败而还。

元廷改编侍卫亲军

　　至顺二年（1331年）四川，元廷设立宣忠斡罗思扈卫亲军都指挥使司。各侍卫亲军士兵的总人数至少达 20 万人以上。

　　从忽必烈开始，元廷就设有侍卫亲军。中统元年（1260年），第一支卫军组织武卫军成立。至元元年（1264年），改为左、右翼侍卫亲军，八年（1271年）又改为左、右、中三卫。至元十六年（1270年）以后，侍卫亲军按不同的民族划分，扩充为前、后、左、右、中五卫，以汉人军士和新附军人为主，称为汉人卫军。后又增设武卫、虎贲卫、大同侍卫（后改为忠翊卫），镇守海口卫等汉人卫军。同时还有以色目军士为主的目军。部分蒙古探马赤军士被编成左、右翊蒙占侍卫，从草原流散出来的蒙古子女编成宗仁卫。这些卫军均由枢密院直接管辖。此外，在东宫、后宫下也有卫军建制。

　　侍卫亲军分布于两都及周围地区，负责京都和"腹里"地区

"左卫阿速亲军百户印"铜印

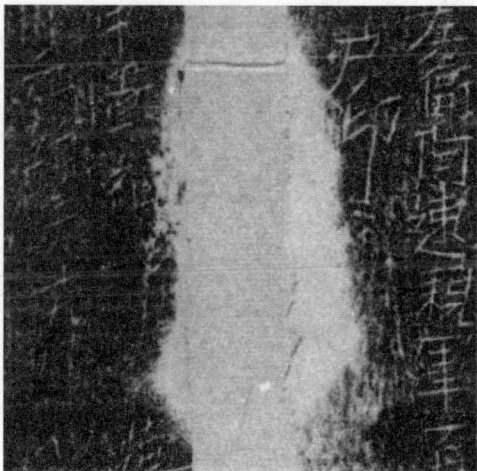

的安全，同时又是朝廷直接掌握的常备精锐部队。

虞集古隶当代第一

继元初诸家之后、在书坛产生了较大影响的著名书法家，首推被后人称为邵庵先生的虞集。

虞集（1272～1348年），字伯生，号道园，四川仁寿县人，曾任奎章阁侍书学士，著有《道园学古录》。《元史》称赞虞集是一个学问渊博而人品高尚的人。《书史会要》评价他的书法，在真草篆隶方面都有很大成就。他的书法正楷、行草绝佳，楷体字得欧字的幼健之风，行草《不及入阁帖》风姿绰约。

虞集的作品，《诛蚊赋》非常著名，这篇文章原是他的六世祖虞雍撰写的，虞集怀着对祖上的追怀之情，于元统三年（1335年）书写下了这篇赋文，时年64岁。卷为行书，笔风清朗蕴藉。虞集的楷书《何澄归庄园跋》与《题画诗》，用笔端庄秀媚，中和了杨凝式与苏东坡的书法。（何澄是金末元初的一位画家，90岁时画成了这一幅图卷，赵孟頫等许多元代的名家都曾为此图作题跋。）

虞集书写的《把菊轩诗》非常

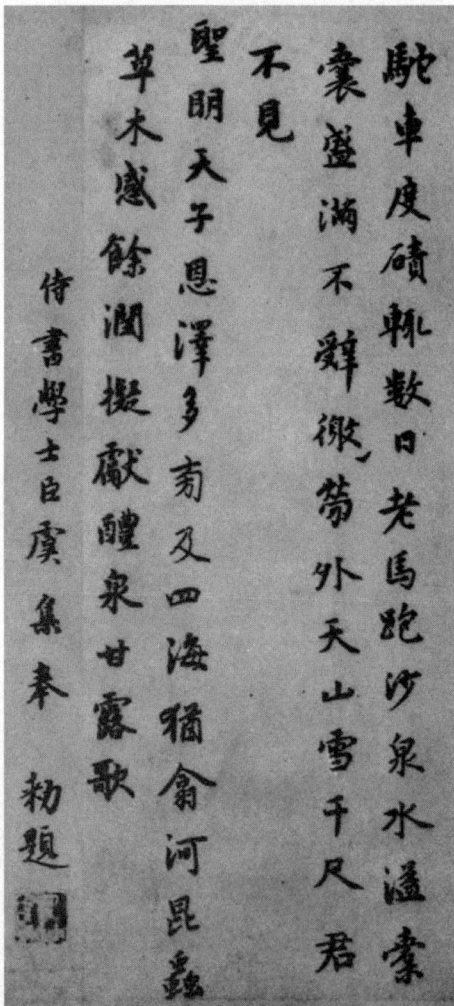

虞集的《题画诗》（部分）。所题之画为唐代画家胡瓌之子胡虔所作《汲水蕃部图》，为描写北方游牧民族生活之作。

接近杨凝式的《韭花帖》,《不及入阁帖》则笔锋流转自如,接近王献之的《鸭头丸帖》,表明他摹写古帖的功力非常深邃。

虞集为奎章阁的侍臣,当文宗皇帝在阁内观赏书画时,他常侍从在侧,可称为宫廷书法家。他的古隶在当时成就极高,影响很大,被陶宗仪推崇为"当代第一"。

设广教总管府管理僧尼事务

至顺二年(1331年)二月,元设立广教总管府16所,统一管理僧尼事务。

天历元年(1328年),主管江南佛教事务的行宣政院撤销。本月设立统一管理僧尼事务的16所广教总管府,为京畿山后道、河东山右道、辽东山北道、河南荆北道、两淮江北道、湖北湖广道、浙西江东道、浙东福建道、江西广东道、广西两海道、燕南诸路、山东诸路、陕西诸路、甘肃诸路、四川诸路和云南诸路。秩正三品,府设达鲁花亦、总管、同知府事、判官各一员。总管由僧人担任,其他官员由宣政院任命。

设置广教总管府,目的是要对寺院、僧人加强管理,限制其强占民田、私藏纳税户、巧取民财等不法行为。元统二年(1334年)正月,广教总管府撤销,恢复行宣政院,又恢复天历元年以前的管理体制。

理学家吴澄"和会朱陆"

吴澄(1249～1333年),字幼清,号草庐,抚州崇仁(今江西崇仁)人,后大半生是在元代度过的,当过为时不长的国子监司业。国史院编修、制诏、集贤直学士,大部分时间在乡间钻研理学,与许衡齐名,有"南吴北许"之称。

吴澄初从饶鲁弟子程若庸,为宋

吴澄像

熹的四传弟子（朱熹——黄干——饶鲁——程若庸——吴澄），后师事程绍开。在经学方面，吴澄以接续朱熹为己任，晚年写成《五经纂言》，可以说是完成了朱熹的未竟之业。在理学方面，吴澄对朱熹和陆九渊都很尊崇，反对朱、陆两家"各立标榜"，而是把两家学说会同于一，既持之以"格物"，又持之以"本心"，认为"本心之发见"之知，与向外推物应事的"执著"的行，两者统一于心。这实质上与明代王阳明的"知行合一"一脉相承，至少透露出明代王学的消息，在宋代陆学与明代王学之间起到一种前后承接的作用。

元人发明火铳

目前可知中国最早的火铳是一件元代铜铸盏口铳，盏口口径 105 毫米，身管直径 75 毫米，全长 35.3 厘米，重 6.94 公斤，铳身刻有元"至顺三年"（1332年）等字样。文献记载火铳之名最早见于《元史·达礼麻识理传》。

火铳又称"火筒"，是一种金属管形射击火器，以火药发射石弹、铅弹和铁弹。火铳用铜或铁铸成，铜铸较多。由前膛、药室和尾銎构

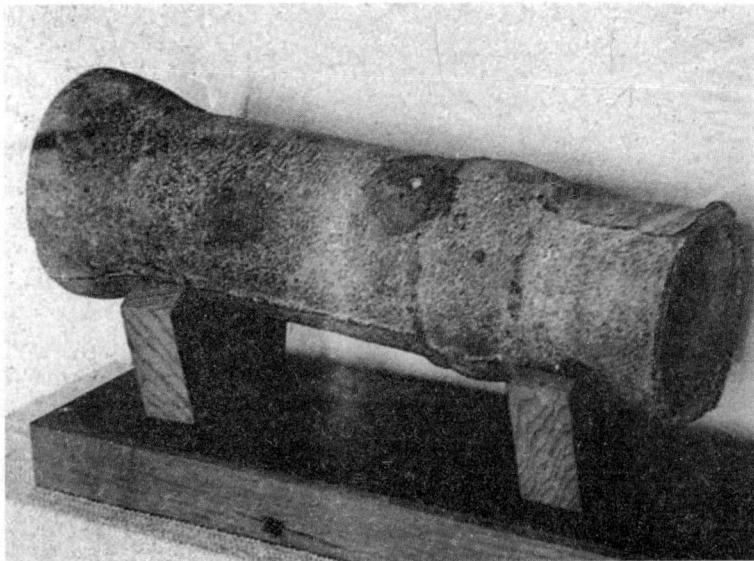

最早的火铳。铳身铸有"声震九天，射穿百步，至正辛卯"等铭文。

成。通常分为单兵用的手铳，城防和水战用的大碗口铳、盏口铳和多管铳等。手铳轻巧灵便，铳身细长，前膛呈圆筒形，内放弹丸；药室呈球形隆起，室壁有火门，供安放引线点火用；尾銎中空，可安木柄，便于发射者操持。有的手铳从铳口至铳尾有几道加强箍。大碗口铳和盏口铳都因铳口的形状而得名，基本构造与手铳类似，只是形体短粗，铳口呈碗（盏）形，可容较多的弹丸。有的碗（盏）口铳尾銎较宽大，銎壁两侧有孔，可横穿木棍，将铳身置于木架上。发射时，可在铳身下垫木块调整俯仰角。用于水战的碗口铳，多安于战船的固定木架，从舷侧射击敌船。三眼铳也是一种常见的多管铳，铳身由3个铳管平行链合成"品"形，尾部为一尾銎，安装木柄。每个铳管各有1个药室火门，点火后可连射或齐射，射毕可用铳头作锤击敌。多用于骑兵。

元代火铳是在宋代火器发展的基础上，依据南宋火枪，尤其是突火枪的发射原理制成的，它的创制和使用，使中国管形射击火器，出现了由竹火枪向金属火枪的一次飞跃性发展。从出土的元代火铳来看，与宋代突火枪相比，元火铳的制造规格相对统一，构造比较先进合理，而且射速较快，射程较远，杀伤力更大。火铳的发明与运用，使蒙古军队战斗力大增。据《元史》记载，至正二十四年（1364年），达礼麻识理曾指挥一支"火铳什伍相联"的军队，屡建奇功。元末农民起义军使用火铳作战的情况更为普通。

火铳是中国第一代金属管形射击火器。它的发明，是兵器发展史上一次划时代的变革，从此火器逐步取代冷兵器，向近代枪炮方向发展。欧洲同类火器，直到14世纪中叶才出现。

奴隶大量增长

蒙古势力入主中原以后，由于蒙古奴隶制广泛存在所造成的影响，元代阶级关系出现了一些新的变化，奴隶的大量增加即为其中一种。

元代将奴婢通称为"驱口"。驱口的主要来源之一是战争俘虏。蒙金战争和元宋战争使蒙古贵族得到了大量的驱口。战争之外，蒙古贵族也常常将平民拘掠为驱口。

元代高利贷盛行，诸王贵族以及官僚地主富贾臣商，常乘水旱灾荒之机

对农民进行高利贷盘剥，本利相滚，子母转息，旬月加倍，称为"羊羔儿息"。许多农民无力还债，其子女或自身便沦为驱口。此外，农民或其他劳动者因生活所迫，将子女或自身卖为驱口也很普遍，灾荒之年更是如此。甚至一些贫困的蒙古人也被转卖为奴。犯有谋反等罪的家属，同样要籍没为奴。元代法律还规定：奴婢所生子女，世代为奴，只有交纳大量钱钞或实物，经主人许可并出具从良文书，再经乡胥里长认定署名，驱口才可脱离奴籍。由于元代法律规定，驱口可视同主人财物，经过一定手续即可转卖。元代驱口买卖之风盛行。在大都（今北京）、上都（今内蒙古自治区正蓝旗东）都有人市，只要经官府检查给据，就可以买卖交易。不仅如此，而且还出现了一些专门进行人口贸易的人贩子。

相对于两宋以来租佃关系中人身依附关系的逐渐松动，驱口的广泛存在无疑是一种倒退。但对于仍以租佃制为封建生产方式主体的元代，这种倒退毕竟是局部的、暂时的。

元平定云南

由于秃坚、伯忽等人的反叛，至顺元年（1330年）七月，元廷命令行枢密院、四川、云南行省出兵分路进讨云南叛军。十一月，元军在马龙州杀掉伯忽弟拜延，败叛军于马金山，擒杀伯忽及其党10余人。接着，四川省臣塔出在乌撒周泥驿屡败支持叛军的乌撒土官禄余，叛军溃逃，元军抢夺金沙江。十二月，击败阿禾蒙古军，阿禾伪降，率3000兵来偷袭元军，被元军击败，阿禾被擒杀。元军占中庆（今云南昆明），恢复行省统治。

接着元军平定诸蛮。至顺二年（1331年）正月，败乌撒蛮兵，禄余中箭逃走。乌蒙、东川、易良州诸蛮兵都投降元军。阿剌忒纳失里率军至当当驿。唯古剌忽、秃坚之弟必剌都迷失等伪降，不时出兵偷袭官军。秃坚则修城堡，布兵拒守。二月，元军破城，诸蛮皆降，禄余潜逃。四月，讨叛大军撤还。六月，乌撒罗罗蛮又杀掠良民，重新叛乱。九月，乌撒土官禄余率军攻顺元路，杀朝廷命官。至顺三年（1332年）二月，陕西、四川、蒙古军再入云南。禄余兵败请降，秃坚下落不明。至此云南之乱平定。

月鲁帖木儿篡位失败

月鲁帖木儿，安西王阿难答之子。至顺三年（1332 年）四月，他与国师必剌纳失里等阴谋篡位，以推翻文宗。必剌纳失里，哈密人，原名只剌瓦弥的里，精通维吾尔、梵文等多种语言，是一代奇才。成宗大德六年（1302 年），必剌纳失里曾受戒代皇帝出家。后多年在宫中致力翻译佛学经典，曾将汉文《楞严经》、梵文《大乘庄严宝度经》、《乾陀般若经》。《大涅槃经》、《称赞大乘功德经》、藏文《不思议禅观经》等译成蒙古文，又把僧俗法规编纂成书。至顺二年（1331 年）被封为国师。月鲁帖木儿与必剌纳失里的篡位阴谋失败，两人被处死。被抄没的人畜、田产、金银珠宝、邸宅、书画玩器等，价值巨万。

燕铁木儿权倾朝野

燕铁木儿，钦察人。至和元年（1328）七月，泰定帝在上都去世。燕铁木儿在大都发动政变，迎立武宗次子图帖睦耳为帝，是为文宗。文宗对其加封三代，命礼部撰文立石以昭其勋。至顺元年（1330）五月，文宗下诏授予燕铁木儿开府仪同三司、上柱国、太师、太平王、答剌罕、中书右丞相，记载军国重事，监修国史，管领与调度燕王宫相府事，任大都督并管领龙翊亲军都指挥使司之事等。"凡号令、刑名、选法、钱粮、造作，一切中书政务，悉听总裁"，规定一切闻奏，先报燕铁木儿。并把左丞相伯颜改任知枢密院事，中书省不再设左丞相，由燕铁木儿独专相权。至顺三年（1332）二月，文宗再命燕铁木儿兼奎章阁大学士，管领奎章阁学士院。燕铁木儿一时权倾朝野，挟震主之威，肆无忌惮。

元顺帝即位

图帖睦耳（即文宗）于天历二
年（1329 年）毒死兄长明宗，重占
帝位后，把明宗长子妥懽帖睦尔流
放外地，与世隔绝，至顺三年（1332
年）八月，文宗在上都去世，死前
仍后悔毒死明宗，遗诏皇后立明宗
之子为帝，其后再传位于自己亲子
燕帖古思。十月，明宗次子懿璘质
班即帝位，是为宁宗。十一月，宁
宗在位 43 天后驾崩，年仅 7 岁。燕
铁木儿请立文宗之子燕帖古思，文
宗后卜答失里不允："吾子尚幼，
妥懽帖睦尔在广西，今年十三矣，
且明宗之长子，礼当立之。"于是
遣中书右丞阔里吉思前往静江迎接
妥憎帖睦尔。妥懽帖睦尔至良乡（今

宁宗懿璘质班像

北京西南良乡镇），燕铁木儿具体陈述了迎立之意，妥懽帖睦尔因年幼，且
畏惧他，一无所答。燕铁木儿疑心妥懽帖睦尔知道当年自己参与谋害明宗之
事，深恐一旦他继位，会于己不利。故迁延数月，不使妥懽帖睦尔即位。不久，
燕铁木儿死，文宗后卜答失里才与大臣们商定立妥懽帖睦尔，并仿照"武宗、
文宗故事"，协定妥懽帖睦尔死后，传位给燕帖古思。至顺四年（1333 年）
六月八日，妥懽帖睦尔即位于上都，是为顺帝，改年号元统。

新乐器出现

元代的乐器一方面继承了宋代、金代已有的种类，一方面又出现了一些新的乐器，著名的有火不思、七十二弦琵琶、兴隆笙和渔鼓、简子等。

火不思是一种弹拨乐器，"制如琵琶，直颈，无品，有小槽，圆腹如半瓶绬，以皮为面，四弦皮樆，同一孤柱"。据传在汉代就已传人中原，但它的流行是从元代开始的。

火不思的来源传说是王昭君的琵琶坏了，派人重造，造出的形状很小，王昭君笑着说："浑不似。"后讹传为"胡泼四"，即"火不思"。实际上

元代道观永乐官壁画《乐队演奏》

这个名称是来源于突厥语的音译。元代也有人记述它是从回回国（今俄罗斯咸海之南一带）传入的。这种乐器至今仍在甘肃、内蒙古，云南丽江流传。

七十二弦琵琶也是弹拨乐器，元朝时原在南亚西北部和西亚北部一带流行，于成吉思汗之孙旭烈兀建立伊利汗国以前西征时传入中国。七十二弦琵琶是元代根据其弦数拟定的汉文名称，与现在新疆维吾尔族乐器卡龙的形制很相似。

兴隆笙是西方风压管风琴传入我国后，经改制重新命名的一种乐器。相传是中统年间（1260～1264年）回回国进奉的一件乐器，后由乐官郑秀改制成兴隆笙，并分定了清浊音律。它用楠木制成，外形好像双层屏风；主体如柜，起笙匏的作用，上竖着90个紫竹管，柜外伸出有15个小橛，小橛上又竖小管，有簧可鸣；柜前有两个皮风口，系有风囊。由3个乐工演奏，一个鼓风囊，一个按律管以鸣簧，一个开动机关，使木制孔雀应和节奏飞舞。兴隆笙当时是起导乐作用的重要乐器，主要在宫廷宴乐上使用。

渔鼓和简子是两种常常合并使用的击节乐器，在乐队中由8名妇女演奏。明人王圻辑的《三才图会》中描绘渔鼓简子为："截竹为简，长三四尺，以皮冒其首——皮用猪膋上之最薄者，用两指击之。又有简子，以竹为之，长二尺许，阔四五分，厚半之。其末俱略反外，歌时用二片合击之，以和者也。其制始于胡元。"这里记述的形制和击法基本与元代相似。这种乐器至今仍在流传，简子现称为简板。

元代新出现的乐器对后世乐器的发展产生了很大的影响，在音乐史上占据着重要的地位。

唐其势谋变被诛

元顺帝即位后，命伯颜为中书右丞相，任命燕铁木儿之弟撒敦为左丞相，燕铁木儿之子唐其势为御史大夫，燕铁木儿家族依然把持朝中要职。元统元年（1333年），进拜伯颜为太师，奎章阁大学士。撒敦死，唐其势升为中书左丞相。三年（1335年）三月，顺帝立燕铁木儿之女伯牙吾氏答纳失里为皇后，伯颜与燕铁木儿家族发生权力之争。唐其势妒嫉伯颜独专政事，便与撒

敦弟知枢密院答里、诸王晃火帖木儿密谋发动政变，拥立文宗之子燕帖古思。六月三十日，唐其势伏兵东郊，亲率勇士突入皇宫，谁知被伯颜设伏捕擒。唐其势及其弟塔剌海伏诛。答里举兵响应，兵败被斩，晃火帖木儿自杀。伯颜幽禁皇后答纳失里，七月鸩杀于开平（即上都）民舍。经此役，燕铁木儿家族彻底失败，元朝政全由伯颜把持。

青白釉人物建筑瓷枕。造型为出檐堂式，并塑有18个人物。

《切韵指南》成书

元顺帝至元二年（1336年），刘鉴写成《经史正音切韵指南》一书。

刘鉴，宇士明，关中（今陕西）人。《经史正音切韵指南》，简称《切韵指南》，此书以《四声等子》为蓝本，但比《四声等子》多了4图，共列16摄24图。多出的4图是：江摄外——（从宕摄中分出），梗摄外七开口呼，梗摄外七合口呼（此二图从曾摄中分出），咸摄分为二图，该书每图纵列23行，以统括36字母，与《韵镜》相同；横行平、上、去、入四声，每声又分一、二、三、四等。又集前人研究之大成，制"等韵门法"、分"音和"、"类隔"、"窠切"、"轻重交互"、"振救"等13类，颇为详备，便于初学。

书中还有一些关于语音演变的材料，如"时忍切肾字，时掌切上字，同是浊者，皆当呼为去声"，反映了当时语音中"浊上变去"的现象。又如"土鱼切殊字，本是锄字，详里切如洗字，本是似字"，反映了当时语音中"土"与"锄"的声母、"里"和"似"的韵母已经不同。这些材料虽然不多，却十分的可贵，它可以和《中原音韵》相互印证。

彩釉出现新品种

　　元代瓷器是南宋青、白两大瓷系的延续，在此基础上引进了西亚伊斯兰陶艺新材料、新技术，出现了青花、釉里红，钴蓝釉、铜红釉、卵白釉等新品种，特别是青花、釉里红的成熟，结束了中国瓷器长达1300年的青瓷时代，开辟了中国陶瓷以彩绘和颜色釉为主的新时代。这些新的发明创造，奠定了元代陶瓷在中国陶瓷史上极其重要的地位。

　　早在9世纪前后，西亚的伊斯兰教地区就已烧出了青花，但它是在陶胎上画纹样，低温烧成，简陋粗糙，很不成熟。它传入中国以后被认真改造，将作为颜料的氧化钴画在瓷胎上，上罩透明釉，高温烧制，终于在元代中期（14世纪前期）创制出中国青花，因而很快获得了世界声誉。其器形雄大，纹样富丽，白釉泛青，蓝花深沉，精致典雅，是中国乃至世界陶瓷史上的珍品。

　　釉里红也是一种釉下彩，和青花一样，在白瓷坯上画纹样，然后上透明釉，高温烧成，而所用的材料是氧化铜，还原成红色，由于氧化铜呈色不稳定，大多灰暗，成功率低，技术难度比青花大得多，所以存

青白釉观音坐像。坐像胎体由三块组成，头部、腰际接胎痕明显。观音体态硕壮，广额丰颐，显出博大的胸怀和气势。

世的作品相对少得多。

　　景德镇的元代窑址出土的釉里红瓷片显示这里是其出产地。它是在青花和伊斯兰斯塔彩的影响和启发下产生的。在元以前没有红彩，釉里红常与青花结合，叫"青花釉里红"。江西博物馆收藏有两件元朝青花釉里红珍品，铭文标示其制作时间为至元四年（1338年）。河北保定出土的一对元朝青花釉里红盖罐，内有花卉纹样，花为釉里红，枝叶为青花，开光镂孔，精致典雅，是元朝瓷器珍品。

　　元代除了釉下彩外，还有颜色彩，包括钴蓝釉、铜红釉。钴蓝釉和青花一样，是将氧化钴还原，呈深蓝色。区别于青花的是，钴蓝是用钴料整个挂釉或涂地子，其

蓝釉白龙纹梅瓶。此瓶是元代景德镇陶瓷的代表性精品。目前在梅瓶上采用蓝釉白龙纹的装饰仅见三件，此件是三件中最大者。

实是青花的附产品。它也创烧于元朝景德镇窑。元以前无蓝釉，唐代的唐三彩所用钴料是从西亚进口的，传入中国以后，在元代产生了钴蓝釉。其加工手法有两种，一是在钴蓝釉上用金彩画纹样，低温烧制。另一种是在白瓷印花器皿上涂钴蓝釉地子，空出纹样，高温烧制。蓝色都显得深沉，这样的彩釉到明清时更加成熟。

　　彩釉的另一种是铜红釉，和釉里红一样，将氧化铜还原，呈红色。和釉里红只画纹样不同，它是整个挂釉。同样，氧化铜呈色很不稳定，烧制时技术难度很大，产量低，现存作品很少。元代铜红釉和钴蓝釉一样，是初创新，很不成熟，只是明清此类产品的雏形。

最后还有隶属白瓷的卵白釉。因其不透明，稍微发青，如蛋白，故得此称。它是在青白瓷基础上发展起来的。比青白瓷白而无青白瓷之青，乳浊失透，不像青白瓷那么透明。上海博物馆收藏的卵白釉龙纹高足碗，是元代卵白釉的代表作。釉色洁白，内印双龙，器形端正，纹样清晰，制作精美，格调高雅。

景德镇早在北宋时就是名窑，元灭宋的前一年，即至元十五年（1278年），同在此设立了全国最大的官窑浮梁总局，烧制朝廷所需的瓷器。生产条件最为优越，促进了景德镇陶瓷业的飞速发展，因而创制了青花、釉里红、钴蓝釉、铜红釉、卵白釉等彩釉新品种，奠定了其在中国乃至世界陶瓷史上的地位。

伯颜请杀五姓汉人

伯颜除去政敌燕铁木儿家族后，独秉朝政。他极端仇视汉人，排斥汉文化。至元元年（1335年）十一月，他废除科举制度，命以学校贡士庄田租改给怯薛衣粮。三年（1337年）四月，命省、院、台、部、宣慰司、廉访司及郡府幕官之长，皆用蒙古、色目人；禁止汉人、南人学习蒙古、色目文字。他曾对顺帝说："陛下有太子，休教读汉儿人书；汉儿人读书，好生欺负人。"至元三年（1337），他以广州增城朱光卿、河南信阳州棒胡等发动反元起义为由，提出杀绝张、王、刘、李、赵五姓汉人。因顺帝不从，才没有实行。

朱光卿棒胡起义

顺帝至元三年（1337年）正月，广东增城人朱光卿发动起义，石昆山、钟大明等人率众响应，称号大金国，改元赤符。四月，惠州归善人聂秀卿、谭景山等大量制造兵器，拜戴甲为定光佛，与朱光卿会合起义。元廷遣指挥狗札里、江西行省左丞沙前往征讨。七月，朱光卿、石昆山、钟大明被捕，起义被扑灭。

本年二月，陈州（今河南淮阳）人棒胡在汝宁（今河南汝南）、信阳州（今河南信阳）起义。棒胡名叫胡闰儿，因使棒如神，人称棒胡。他以烧香（佛教活动）聚众，组织起义。陈州棒张、开州（今河南濮阳）辘轴李等人起兵响应。起义军破德府鹿邑，烧陈州，屯兵于杏岗（今河南商丘东南），建年号，棒胡自称李老君太子。元廷遣河南行省左丞庆童领兵征讨。次年四月，棒胡被俘，押往京师后被斩，起义宣告失败。

元代壁画大量出现

元代的壁画创作达到了前所未有的高峰期，壁画作品大量涌现，主要有宗教壁画、墓室壁画和宫室宅第壁画几种、其中水平最高，数量最多的是宗教壁画。

元代统治者对各种宗教均采用包容的政策，利用宗教来维护其政权，热衷于修功德，作佛事，建寺宇，其中全真道教和佛教占主要地位，道观佛寺的兴建藻绘非常隆盛。在佛道相互影响、渗透的情况下，寺观壁画更加丰富多彩。

山西广胜寺水神庙明应王殿壁画（圆林梳妆）。线条苍劲有力，画面富丽深厚、深沉古朴。

山西稷山青龙寺壁画《三界诸神图——帝释圣众》。帝释天为佛教三十六天之一。

山西省保存下来的寺观壁画为全国之冠。这里的壁画数量巨大，题材丰富，艺术水平极高。其中成就最高的是山西芮城的全真教永乐宫壁画，这里的壁画和山西稷山兴化寺的《七佛图》一样均为山西民间画家朱好古、张伯渊、张遵礼、田德新、李弘宜、王士彦和洛阳画家马君祥、马七等所绘。其中三清殿的壁画《朝元图》有完整的构思和统一的设计，图中人物众多而不雷同，性格特征鲜明生动，线条刚健而婉转，流畅而含蓄，整个画面构图严谨富于变化，可谓我国寺观壁画的精华。纯阳殿和重阳殿壁画也各具神采。此外，山西稷山青龙寺、兴化寺、山西洪洞县的广胜寺、水神庙壁画也很有成就。

山西汾阳五岳庙水仙殿壁画《水仙出行图》。水仙位于正前方。

山西稷山兴化寺七佛图（供养菩萨）。

元时除民间画家创作壁画外，文人士大夫画家有时兴之所至也为寺庙创作一些非宗教内容的壁画作品，如赵孟𫖯、管道升夫妇在归安天圣寺作壁画山水、竹石，时称"二绝"。王冕曾在山阴蜀阜寺作壁画梅等。

此外，敦煌莫高窟和榆林窟也保存了部分佛教壁画。莫高窟第3窟中绘制着精美的密宗壁画，主要作品是绘于南、北二壁的千手千眼观音，手的姿态变化万千，衣纹潇洒活泼，是壁画中的精品。

除宗教壁画外，在山西、内蒙、辽宁等地还发现了大量的元代墓室壁画，表现了蒙古族特有的生活内容，壁画山水有五代、北宋遗意。其中水平最高、最有代表性的是大同市冯道真墓壁画。冯道真墓建于至元二年（1265年），墓主为全真教道宫、龙翔万寿宫的宗主，社会地位较高。墓室壁画应用水墨画技法表现出一个超凡脱尘的修行环境，仙气浓郁，绘画技法相当娴熟。1991年在内蒙古乌兰察布盟凉城县发现一座元代蒙古贵族壁画墓室北壁绘有表现墓主人家居环境的《燕居图》，生动反映出蒙古贵族的生活习俗和汉族文化习俗对蒙古族的影响。元代在宫殿、衙署、宅第绘制壁画的风气也很盛行，唐棣就曾在嘉熙殿创作壁画。

元代壁画对当时及后代的美术创作都有深远的影响。

套印版画出现

元代雕版印刷业兴盛，雕版印刷技术有了进一步发展和提高。彩色套印版画开始出现。

在雕版印刷的佛教经籍中，如《碛砂大藏经》，嘉兴路顾逢祥等刊印的

元至顺年间的佛教版画《妙法莲华经卷首图》

《妙法莲华经》，都有不少工整的版画。更值得注意的是，当时名重一时的无闻和尚所注《金刚经注》，用朱墨套印，可说是继辽代漏印套色版画之后的最早雕版彩色套印版画。经注中的一幅《无闻老和尚注经处产灵芝》图，刊于元顺帝至元六年（1340年），比欧洲第一本带色的雕版书《梅因兹圣诗篇》早170年。此外，元代版画还有建安虞氏在至治年间（1321～1324）刊印的5种"平话"，即《武王伐纣》、《七国春秋后集》、《秦并六国》、《续前汉书》、《三国志平话》等，书中上图下文。刻工为吴俊甫、黄叔安等人。图画绘刻颇有连贯性，可说是中国连环版画的前身。由此可见，元代版画不仅题材广泛，而且绘、刻、印技术都有显著提高。它为明、清版画的大发展，至少在技艺上，创造了多方面的有利条件。

《百丈清规》修成

唐代时，僧人怀海居江西奉新百丈山，传授禅法，人称百丈禅师，曾制定禅宗寺院共守的规则《禅门规式》。至元元年（1335年），因此书流传年久，诸本所记互有出入，元廷敕令百丈山大智寿圣禅寺住持德辉重新编辑。至元四年（1338年）三月书成，全名《敕修百丈清规》，共8卷，分祝釐、报恩、报本、尊祖、住持、两序、大众、节腊、法器9章。每章前有小序。此书被奉为禅宗寺院的共守规则。

文学家马祖常去世

至元四年（1338年），文学家马祖常去世。马祖常（1279～1338年），字伯庸，汪古部人，信奉聂思脱里派基督教。延祐初年廷试第二，授应奉翰林文字，拜监察御史。曾因劾奏权臣燕铁木儿专权而遭贬黜。英宗至顺帝时期，他历任翰林直学士、礼部尚书、御史中丞等职。后辞职归光州。

马祖常善作诗、文，曾参与纂修《英宗实录》，译《皇图大训》、《承华事略》等为蒙古文，编纂《列后金鉴》、《千秋纪略》等。他的文章效法先秦两汉

文风，宏瞻而精赅，富丽而新奇。其诗圆密清丽，主要写田园生活和酬赠者多。也有反映民间疾苦的作品，如《室妇叹》、《石田山居》等，在当时颇有影响。此外著有《石田文集》15卷。

元织金技术空前发展

以金缕或金箔切成的金片作纬线织花，使织物呈现金属光泽的技术，称为织金技术，由于种种原因，元代的织金技术获得了空前的发展。

元朝统治者喜欢将织金织物作为其服饰的首选衣料。在其以武力征服了欧亚广大地区后，通过战争掠夺、海外贸易和发行纸币的方式获得了大量的黄金，为织金业的发展提供了充足的原料。自宋代以后，棉花生产迅速普及，棉品已成为广大人民的基础衣料，丝织品从基本服饰转变为高级织造品，为统治阶级所独占，其美化功能取代了其实用功能，纹彩的华美愈来愈受到重视并成为主要的质量标准。元朝在掠夺战争中俘获了大批织金技术方面的工匠，并将西域的大批金绮工匠内迁，促进了中国传统纺织工艺与西域金绮工艺的一次大规模交流和融合，这些成了元代织金技术空前发展的主、客观条件。

缂丝杏林春燕图轴

元朝建立以后，开展了大规模的织金织物的生产，将从各地掳掠的工匠集中起来编为"系官人匠"，在弘州设纳石矢（即织金锦）局，从西域迁入金绮纹工300多户，汴京织毛褐工300户，使隶属弘州，由镇海掌管。《马可·波罗游记》也记载了元代在南京、镇江、苏州等许多城市组织织金锦生产的情况。撒答剌欺提举司所属别失八里局专管织造御用领袖纳石矢。《元典章》还载有织造织金锦的条例和工艺规范。延佑元年（1314年）十二月所定的服色规范规定了各级官员着装标准。不仅包括印金织物，还有箔金和织金织物。元朝的军队还用织金锦作营帐，三品以上官员可以织金锦作帐幕，足见其生产规模之盛大。

织金锦又称纳石矢，原产波斯，包括加金锦和加金锻，蒙古西征时从西域带回的金绮匠人在官营作坊中传授技术，有片金、捻金、印金、洒金、贴金、盘金、钉金等。在当时的生产条件下，捻制金线的工艺须通过极为细致的十几道工序，才能将其加工成0.2至0.5毫米宽的片金线，进而再捻成金线。1970年在新疆元墓出土的片金锦和捻金锦织物，经纬密度仅为65×40根／平方厘米和52×48根／平方厘米，足以显示元朝织金匠人的高超技艺。其织金锦的织法、纹样和风格深受西域的影响。而日本国立博物馆所藏的紫地印金缠枝莲袈裟却完全表现了元代织金制物的中国传统风格和技术。

元代的织金技术以织金锦为代表，显示了染织技术的最高水平，这一技术的空前发展再一次雄辩地说明，中外科技交流是促进技术进步的一个重要因素，元代织金技术的空前发展正是这一交流的结晶。

脱脱逐伯颜·开始"更化"

伯颜灭唐其势家族后，升任大丞相，独揽大权，肆无忌惮，引起顺帝忌恨和各族官吏的不满。

御史大夫脱脱，字大用，伯颜之侄。他为伯颜的行为感到忧虑，担心遭灭族之祸，于是与其父马札儿台和其师汉人吴直方商量除掉伯颜。脱脱向顺帝表述自己"忘家徇国之意"，与顺帝近臣阿鲁谋除伯颜。至元五年（1339年）曾两次设谋擒逐伯颜，未果。六年（1340年）二月，脱脱乘伯颜与太子燕帖

古思出城狩猎之机，关闭城门，列精兵于城下。并传诏列伯颜之罪状，贬为河南行省左丞相。伯颜请求入城陛辞，遭拒绝，只好南行。三月，有旨徙伯颜至南恩州阳春县（今广东）安置，行至龙兴路（今江西南昌）驿舍，伯颜病死。伯颜被逐后，顺帝任命马札儿台为中书右丞相，脱脱为知枢密院事。十月，脱脱迫其父称老病辞，自己出任中书右丞相。脱脱执政后，采取一系列措施，缓和社会矛盾，大兴文治，史称"更化"。主要内容有：恢复被伯颜废除的科举取士制度；恢复太庙四时祭祀之礼；昭雪被伯颜诛杀的郯王彻彻笃之冤，并召还宣让、威顺二王，使仍居旧藩；大兴国子监，使入学生员达3000余人；开经筵，遴选儒臣以四书五经启沃顺帝；奉诏组织修撰辽、金、宋史；请修《至正条格》颁行天下；开马禁，减盐额，蠲负逋，以纾民力。但这次更化对元廷的弊政未有根本触动，成效不大。

全真教极盛

全真道兴于金，而盛于元。王喆死后，七大弟子弘扬全真教义，光大道门，其后继者人才辈出，形成若干道内教派，使全真道呈现一派繁荣景象。马钰创遇仙派，刘处玄创随山派，丘处机创龙门派，谭处端创南无派，王处一创萧山派，孙不二创清静派，郝大通创华山派，其中以丘处机及其创立的龙门派对全真道发展的贡献最为突出，在后来影响最大，其教派累世传承不衰。

丘处机是全真七真中最负盛名的高道，他在世之日，全真道达到高潮。元太祖曾命丘处机掌管天下道教，诏免道院和道人的一切赋税差役，并先后在燕京建立"平等"、"长春"、"灵宝"等八会，于各地大建宫观，一时道人云集，教门大兴。丘处机对其弟子说："千年以来，道门开辟，未有如今日之盛！"元宋子真《通真观碑》说，当时人们对全真道是十分推崇的，一人入教带动百人入教，百人入教带来千人，千人入教最后带来万人崇拜，即使是一些不太大的村里邻户，都互相争着传授全真道，通都大邑就更不用说了。元遗山《修武清真观记》记载丘处机雪山之行后，天底下有10人中就有2戴起了黄帽，声势浩荡隆盛，足可动天地鼓海岳，发展势头如火如荼。高鸣《清虚宫重显子返真碑铭》记载："夫全真之兴，由正隆以来，仅百余裁"，时当

祖庵碑林——全真教创始人王重阳在陕西户县城西的故居。元时曾称重阳宫。

元世祖执政之初，"今东至海，南薄汉淮，西北历广莫，虽十庐之邑，必有香火一席之奉"，足可见元初全真道流行之广，已是"大道汜兮，其可左右"了。

丘处机力主三教合一。他仿效佛教"众生皆有佛性'之说，宣扬有情皆有道性。他用超生说代替长生说，认为超生在于修性。又说其丹功是"三分命术，七分性学"，主张"去声色，以清静为娱茶；屏滋味，以恬淡为美"，修道者应出家，断除一切尘缘，命功以意守下丹田为入手，引出肾中真炁，与心中木液相交，是为龙虎交媾，继而金液还丹，太阳炼形等。命功之上转入性功，直修到六根清净，方寸澄澈，便是真丹。

丘处机悲世悯人，他传道的重心在济世真行。他看到大兵之后人民涂炭，便令各地道徒立观度人以救世为先务，使全真道成为灾民归依的社会组织。丘处机掌教下的全真道得到广泛赞誉和流行的根本原因，正在于这种救民济世的实践。清乾隆皇帝为北宋白云观丘祖殿题联云："万古长生不用餐霞求秘诀；一言止杀始知济世有奇功。"这是对丘处机一生最简炼准确的评语。

丘处机之后，全真道历任掌教尹志平、李志常、张志敬、祁志诚等，皆得元室所赐真人号，多出任玄教大宗师。在编撰全真道史方面，贡献最大的是李道谦，他撰《祖庭内传》《七真年谱》《甘水仙源录》，收集大量宫观碑刻及传赞，为研究全真历史提供了可靠而又系统的资料。

全真兴盛之后，初期清净俭朴、苦修厉行之教风渐渐改变，而以华贵为荣，道观极其壮丽，道首奢侈腐化，结纳权贵，与世俗之浊风卑行同流合污。元末，全真道虽然继续延流，但其教誉已经大为跌落。

揭傒斯诗有盛唐

揭傒斯，元代文学家，字曼硕，龙兴富州（今江西丰城）人，官至翰林侍讲学士，曾参加编修辽、宋、金三史。"文章……正大简洁，体制严整。作诗长于古乐府、选体、律诗长句，伟然有盛唐风"。

揭傒斯的《渔父》、《高邮城》、《杨柳青谣》、《秋雁》、《祖生诗》、《李宫人琵琶引》等诗，都在一定程度上揭露了现实社会生活不合理的现象。尤其是《秋雁》诗，别有寄托，写出了当时民族间的矛盾。诚如《至正直记》说："揭曼硕题雁，盖讥色目北人来江南者，

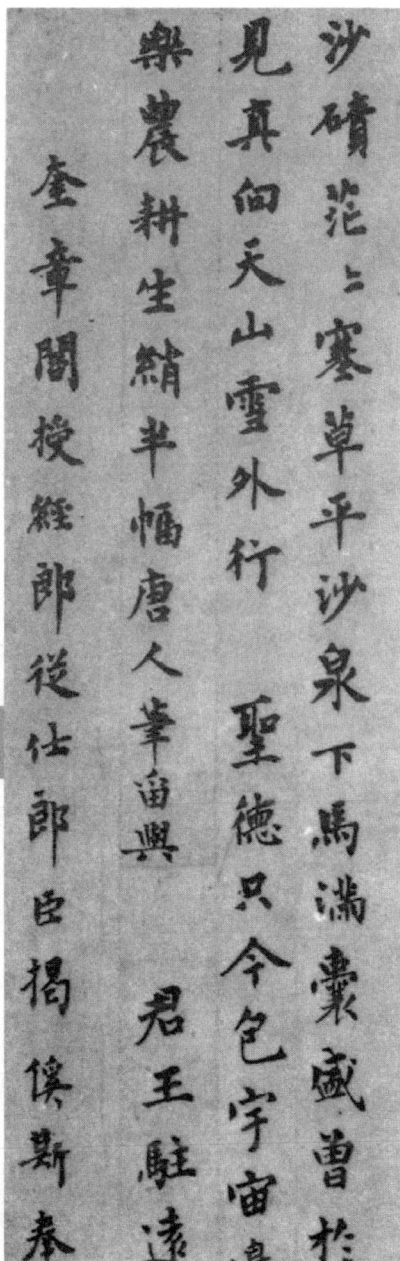

揭傒斯的《题画诗》（部分）

贫可富，无可有，而犹毁辱骂南方不绝，自以为右族身贵，视南方如奴隶，然南人亦视北人加轻一等，所以往往有此消。"揭傒斯还有一首《女儿浦歌》，用民歌体描写大孤山下的船民，不管风浪如何险恶，总是无所畏惧，表现了劳动人民的刚毅勇敢。

揭傒斯散文以《与萧维斗书》、《送李克俊社长州同知序》及《浮云道院记》、《胡氏园趣亭记》著名，前两篇表现作者"独善其身"的政治情怀，后两篇则表现封建文人的闲适情趣。

揭傒斯著有《揭文安公全集》14卷，补遗1卷。

齐德之著《外科精义》

至元元年（1335年），著名外科医家齐德之采集《内经》以后医学文献中有关疮肿的论述，结合自己多年临床治疗经验，撰成《外科精义》一书。

齐德之（生活在13～14世纪间），曾任医学博士、御药院外科太医，籍贯及生卒年月不详，因长期从事外科医疗，在外科理论及实践上都有较高的成就。所著《外科精义》共2卷，上卷包括疮肿、诊候、辨证、治疗、将护、忌慎等35则，下卷列汤、丸、膏、丹145方，附带论述了各种药物炮制的方法。

以往治疗外科疾病，医家多是"外病外治"，所采用"攻毒之方"，治其外而不治其内，治其末而不治其本。齐德之则更加注重整体观念，他认为

云南少数民族医用竹拔头罐

疮肿虽然病发于局部，但与全身其他部位密切相关，"皆由阴阳不和，血气凝滞"所致。因此，在治疗上，要注重辨证，重视脉诊，内治和外治相结合。这些观点与现代医学中内治消炎、外除腐肿的疮肿治疗方法十分接近。同时，他还主张病有逆从，治有缓急，法行正权，方有奇偶，用有轻重，治疗贵乎对症下药，多管齐下。这些把辨证施治的原则运用于外科治疗的观点，对后世外科医学的发展有很大影响。

书中对当时流行的外科治疗法多有描述。其中有砭镰法、贴胁法、溻渍法、针烙法、灸法、追蚀法等等。所载"溻渍疮肿法"，消肿止痛，经多年验证，是治疗疮肿的有效良方。他提出的"温罨胜于冷敷"的观点，在医学上很有见地。

齐德之非常重视病人康复的外部环境和心理调养。他认为：性格仁慈而勤谨耐烦的护理员最适宜病人的要求，病人疗养的环境要宽敞舒适，探视者必须根据病人病情轻重确定时机和时间，病人本身也要注意精神调养，注意饮食宜忌等等。

《外科精义》是我国14世纪中医外科的代表著作，它有关外科治疗的诸多观点受到后世的高度评价。清《四库全书总目提要》称之为"务审病之所以然，量其阴刚强弱以施疗，故于病科之中最为善本"。

元朝

1343A.D. 元至正三年

三月，命修辽、金、宋三史。书画家柯九思去世。

1344A.D. 元至正四年

著名文学家揭傒斯他。

1345A.D. 元至正五年

十月，辽、金、宋三史成。十一月，至正条格成。

1346A.D. 元至正六年

六月，汀州连城县民罗天麟、陈积万等起事。

1347A.D. 元至正七年

二月，瑶人吴天保攻沅州，陷武冈。十一月，吴天保攻沅州败，复陷武冈、靖州。

1348A.D. 元至正八年

三月，辽东锁火奴自称金后，起事，寻败死。十一月，吴天保攻全州。

1349A.D. 元至正九年

十二月，吴天保陷辰州。

1350A.D. 元至正十年

十月，改钞法，以中统交钞一贯省权铜钱一千文，准至元宝钞二贯；仍铸至正通宝钱，与历代钱并用。

十二月，方国珍攻温州。

1341A.D. 佛罗伦萨诗人彼特拉克（1304 ~ 1374）本年在罗马加冕为"桂冠诗人"。

1345A.D. 奥托曼土耳其人应拜占廷皇帝康塔库齐那斯之召，第一次渡海入欧洲。

1346A.D. 英格兰王爱德华三世率其子（黑王子）攻诺曼第，八月，在克勒西大胜法军。

1348A.D. 黑死疫横扫欧洲各地，死者自人口 1/3 ~ 2/3 不等。

意大利佛罗伦萨诗人兼小说家薄伽丘（1313 ~ 1375）在此时期甚为活跃，亦为文艺复兴先驱。

1349A.D.

拜占廷皇帝康塔库齐那斯与塞尔维亚人战争，再度召土耳其人入欧洲协助。

英格兰议会中之武士与市民代表本年合并开会，此为英国下院（或众议院）之开始。

威廉·奥坎去世。奥坎为著名经院哲学家，唯名论之代表人物。

教皇使者至上都

至正二年（1342年）七月，教皇特使团访元朝上都。使团由意大利佛罗伦萨人、圣方济各会教士马黎诺里等32人组成。

至元二年（1336年），元顺帝遣法兰克人安德烈一行16人出使欧洲。使团向罗马教廷报告原大都主教孟特戈维诺已逝世8年，请求教皇派新主教来华主持教务。教皇本笃十二世热情款待元朝使者，并于至元四年（1338年）派出以马黎诺里为首的使团回访。马黎诺里率使团经钦察汗国、察合台汗国，于至正二年（1342年）七月抵达大都。元廷举行了隆重的欢迎仪式，以十字架前导，唱诗班随后。马黎诺里一行谒见元顺帝，进呈了教皇信件及骏马一匹（亦称天马）。在廷

《卢沟运筏图》，描绘了元大都南卢沟桥周围的繁荣景象。

文人周朗作《天马图》，揭傒斯作《天马赋》轰动一时。马黎诺里一行在大都大约留居3年，然后由海道回国。

089

中华文化走向世界

铜质模具出现

金属模具的专门制作和使用是铸造业的一大进步，我国古代的这次飞跃出现在元代。在荥阳楚村元代铸造遗址中出土了17件铜质模具，其中有犁镜模、犁镜模、犁铧模、犁铧芯盒、耧铧模、镂铧芯盒、犁底模、耙齿模、莲花饰模、桥形器模，模具上多见有明显的合缝和浇口痕迹，模具壁厚一般不甚均匀，但犁铧模的内腔亦是随表面形状的变化而变化的。有的铜模还有边框，以便在其中造型，既可节省型箱，又提高了生产率。在表面光洁、花纹清晰、分型画的合理性、便于起模等方面，都比较符合现代技术的要求。这些出土铜模显示了当地铸造业的繁荣和技术的巨大进步。它已被广泛应用于农器具的制造，工艺饰物等许多方面。

脱脱主修辽、宋、金史

至正三年（1343年）三月，顺帝诏修辽、金、宋三史，总裁官由中书右丞相脱脱担任。铁木儿塔识、贺惟一、张起岩、欧阳玄、揭傒斯、李好文、杨宗瑞、王沂等分别为《辽史》、《金史》、《宋史》的总裁官。撰写工作实际由欧阳玄具体操办。纂修人员中有汉族、畏兀、蒙古等民族的学者，开创了各族史家合作修史的先例。

这次修史解决了编史的体例问题，决定三国各为正统，按其年号三史分修。

第二年三月，《辽史》编成。《辽史》是记载以契丹族为主体而建立的辽朝的纪传体史书。它包含本纪30卷，志32卷，表8卷，列传45卷，国语解1卷，共116卷。

《辽史》取材以耶律俨《皇朝实录》、金陈太任《辽史》和南宋叶隆礼《契丹国志》为主，兼采辽人的行状、家传、墓志、碑刻等。《本纪》记事起于

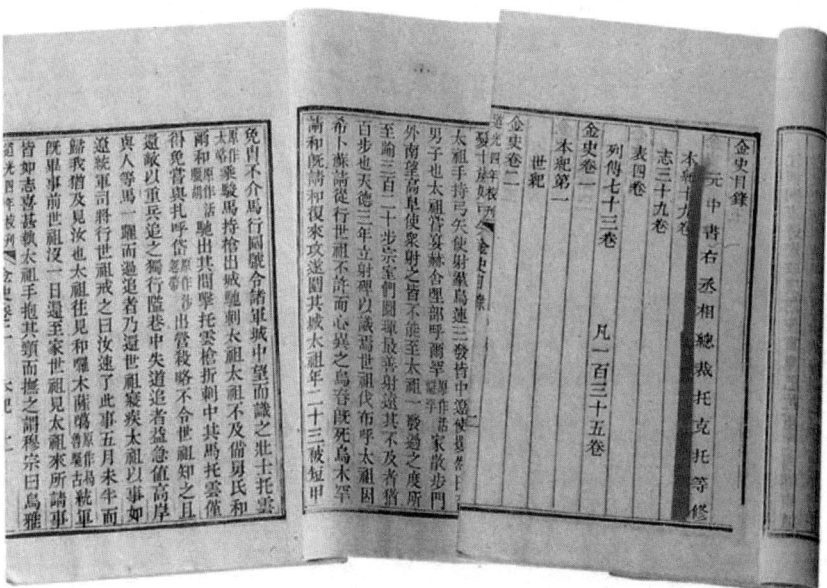

《金史》

唐咸通十三年（872年）耶律阿保机出生，迄于辽天祚帝保大五年（1125年）
辽亡，共253年史事。

《辽史》的志和表最有特色。首先是营卫志、兵卫志，叙述辽社会组织
和军事组织。尤其是《营卫志》，是《辽史》的独创，它记述了辽朝以军事为主，
以军事和游牧相结合的社会组织形式。《兵卫志》和《仪卫志》在内容上反
映出鲜明的辽代社会的民族特点和多民族融合的趋势。

《辽史》的表共8目，《公主表》、《外戚表》、《游幸表》、《部族表》
都是《辽史》的独创。《公主表》和《外戚表》反映了辽朝外戚萧氏势力与
皇族耶律氏的密切关系，《部族表》和《属国表》则更为广泛地描述了辽代
错综复杂的民族关系。

《国语解》一卷，也是《辽史》独创，对契丹族姓氏、称谓、官制、地名、
部族名等以契丹语为称号者，多参考史文，略加解释，有助于研究契丹语言
文字。

《辽史》所载过于简略，篇幅很不相称，又由于《辽史》成书仓促，因

而史料未融通，重复缺谬之处甚多。

同年（1344年）十一月，《金史》也编成，共135卷。后附《金国语解》1卷。金朝比较注意修史，诸帝都有《实录》，《实录》之外还有《国史》。另外刘祁、元好问的著述中保留了大量史料。因此，《金史》史实较完备，再加上编写比较得体，是三史中修得最好的一部。《金史》在《本纪》前设《世纪》一卷，记述女真先祖被追封为帝号之事。《本纪》之后又设《世纪补》一卷。《金史》增《交聘表》，专记金与宋、西夏、高丽等国和战庆吊往来的情况。这些都是修正史的创新。

至正五年（1345年）十月，《宋史》编成，计496卷。因元代保存了宋代历朝实录、国史及各种已成书的史料，还有许多典章制度、地理书籍、宋人笔记、文集等可资参考，使《宋史》较为充实。书中有关北宋记载较详，南宋则较简略。

滑寿作《十四经发挥》

至正元年（1341年），著名医学家滑寿撰成《十四经发挥》一书。

滑寿（约1304～1386年），精于医经研究及针灸学。字伯仁，人称滑伯仁，祖籍许州襄城（今属河南），早年不愿入仕，以医自晦，曾拜江南名医王居中学医，后又学针术于东平高洞阳。钻研《素问》、《难经》，参阅张仲景、刘河间等诸家医书，融会贯通，妙手神医，名闻江浙间。

滑寿一生撰述甚丰，他的《十四经发挥》是在前人《金兰循经取穴图解》的基础上编撰而成。全书3卷。卷1和卷2基本上是对《金兰循经取穴图解》进行注释和补充，分述了经络循行之法和按十四经顺序编写各经穴歌诀，相应腑脏机能，经脉循行路径，所属经穴部位及经脉主病等。卷3"奇经八脉篇"，采《素问》、《难经》、《甲乙经》及《圣济总录》等书，对奇经八脉作了较系统的论述。该书对针灸学贡献颇大。首先，滑氏认为督、任两脉，行于背腹，皆有专穴，不同于其他奇经，故把督任两脉和十二经脉相提并论，总称十四经。其次，通考了657个腧穴，详加分析并有所发挥。

《十四经发挥》具体反映了元代针灸学的成就，它启示了针灸临床对督任脉的研究，使十四经理论应用于临床。该书在元代影响极大，且传播到国外，日本医学界把它视为"习医之根本"，而为"世所传诵"。

高足杯流行

　　元代瓷器中高足杯最为流行，是元代特有的产品，南北各地窑场都大量制造，江西景德镇出产的青花和枢府器则最精。南京明洪武四年汪兴祖墓发现的青花龙纹高足杯，承之以上小下大的竹节形高足，最为典型。江西高安县出土的窖藏品，更为精绝。其中高足转杯，杯底与圈足结合处为活动式公母榫衔接，杯能自由旋转。图饰有青花缠枝菊花，碗心有诗文，有釉里红彩斑、折枝菊纹。其制作绝妙一时。

釉里红折枝菊纹高足转杯

　　元代瓷器品类繁多，除了高足杯，尚有罐、瓶、炉、盆、执壶、碗、盏、枕等日常用器，还有文具、水注、军持、造像、玩好之类。当时也盛行高足碗。新的品种有匜、多穆壶和僧帽壶等。由于宋元以来商业发达，对外贸易增进，官营的窑场开始占有重要地位。陶瓷制品古朴厚重的风格，逐步为精巧华美的风格所取代。日常用器虽形大胎重，但造型秀美，其中的珍赏之品，大多胎薄轻盈、玲珑喜人，表现了当时特有的风格。

回回诗人萨都剌作《雁门集》

　　至正三年（1343年）八月，萨都剌所作《雁门集》一书刊行问世。

　　萨都剌，字天锡，号直齐，回回诗人。先辈随蒙古军东来，在雁门定居。泰定四年（1327年）考取进士，官至燕南河北道肃政廉访司经历。他擅长以各类诗体抒发情感。诗风清面俊逸，有独特风格。所作的讽刺诗，对元朝黑暗统治诸多揭露。他的山水诗描绘如画的自然风光，洋溢着新鲜的风土色调和异乡情趣。词作不多，但质量很高。

　　《雁门集》亦称《萨天锡诗集》，收入了作者大部分作品，原8卷，今已散佚。明以后刊行诸本分卷不同，增入部分集外诗作，后传诗700多首。另著有《四湖十景词》。

　　他的诗词中，《念奴娇·登石头城》和《满江红·金陵怀古》乃是传诵一时的名篇。特别是《满江红》一首，更是情景交融，意境深远，丰神豪迈，气势恢宏，实为词中珍品。

严陵钓台图轴　萨都剌作

荆刘拜杀出现

　　元代是戏曲发展的兴盛时期，除杂剧外，还有在南方流行的南曲戏文，即南戏。南戏起源于宋，元初曾一度因民族歧视而遭压制，元代后期，在吸收了杂剧艺术特色的基础上大有发展，甚至有压倒杂剧的趋势。

山西省元墓室壁画《杂剧》（部分）。这组人物生动地表现出元杂剧生、末、净、旦、丑五种角色的舞台艺术形象，为研究《风雪奇》一剧提供了重要线索。其中穿袍秉笏的生角居中，反映了元杂剧以旦、末演出的"末本"演出体制。

荆刘拜杀是元末四大南戏《荆钗记》、《刘知远白兔记》、《拜月亭》和《杀狗记》的合称。《荆钗记》，元人柯丹丘所作，叙述钱玉莲拒绝富豪孙汝权的求婚，嫁与以荆钗为聘的贫困书生王十朋，婚后半年，王十朋考中状元，丞相欲招之为婿，王不听从，被派往潮阳任职。玉莲在家苦候消息不得，被后母逼迫改嫁孙汝权，不得已投河自尽，遇恩人救起，随之远走他乡。王十朋听说玉莲自尽，立志终生不娶，玉莲也听说王十朋病故，也决意终生不嫁，数年后，两人在吉安重逢，全剧达到高潮。全剧歌颂了王钱二人矢志不渝的爱情。

《刘知远白兔记》叙述后汉开国皇帝刘知远早年亡父，在李文奎家作佣人，被李重视，娶其女三娘为妻。后刘知远从军，又被节度使招为女婿，功成名就。李三娘在家，受兄嫂虐待，咬脐产子，托人送往军营。16年后，咬脐郎追捕白兔而遇三娘，母子夫妻团圆，表达了刚强不屈的李三娘形象。

《拜月亭》，元人施惠所作。叙述金朝末年，蒙古南侵，被迫迁都，兵部尚书王镇之女瑞兰与父母离散，遇书生蒋世隆，结为夫妻，后遇王镇，被强行拆散。瑞兰返家后，祈祷月亮，望夫妻团圆，后蒋考中状元，遂以成愿。全剧提倡不以贫富为转移的婚姻观。

《杀狗记》叙述财主孙华在外人挑拨下，将胞弟赶出家门，寄居窑洞，孙华之妻杨月华为使孙华兄弟和好，设杀狗之计，规劝丈夫珍惜兄弟之情，使孙华兄弟和好如初。剧本警告世人不可滥交朋友，具有一定的社会意义。

朱碧山铸银工艺高超

朱碧山是中国元代铸银工艺家，他以善于制作各种酒器、茶具及案头陈设而著称于世。

朱碧山，字华玉，室名长春堂，浙江嘉兴人。生卒年不详，约活动于元代中晚期。他所制器物有虾杯、蟹杯、槎杯、达摩像、昭君像及金茶壶等，都是技艺高超的工艺美术珍品，深受当时及后世文人士大夫的赏识，但仅有 4 件槎杯传世，皆为银器。3件皆作于元至正五年（1345 年）。他所制作的槎杯，很注重对人物神情的刻画。如藏于故宫博物院的槎杯，槎身空洞较小，一道人坐于槎上，左手撑扶，右手持书作阅读状，容貌清癯而神态安闲，其神情十分专注，似被书中内容深深吸引。此槎杯

以隐士乘槎为外形的银酒器（银槎）

为白银所铸，槎及人身都是铸成后加工雕刻，头、手、云履等皆铸成后焊接而成，其焊接处浑然无迹。

乔吉精于散曲

乔吉（？～1345 年），字梦符，号笙鹤翁，又号惺惺道人，太原人，侨居杭州，是元代著名的杂剧、散曲作家，一生创作了许多杂剧和散曲，艺术成就较高，尤其精于散曲。

他的《金元散曲》中辑存其小令 200 余首，套曲 11 首，其散曲集《文湖州集词》1卷，明人李开先辑《乔梦符小令》1卷，任讷《散曲丛刊》中有《梦符散曲》。

他精于音律。散曲作品以婉丽见长而锤炼精工，与张可久的风格接近，明清人常以二人相提并论，而乔吉风格更为奇巧俊丽，不仅善于引用和化用前人诗句，而且不避俗言俚语，因而收到雅俗共赏的艺术效果。内容则多为其客居异乡，穷愁潦倒生活经历的写照。同时，啸傲山水，寄情声色、诗酒也是其散曲的重要内容，在很大程度上表现了他的消极颓废思想。其代表作如《水仙子·重观瀑布》："天机织罢月梭闲，石壁高垂雪练寒，冰丝带雨悬霄汉，几千年晒未干。露华凉，人怯衣单。似白虹饮涧，玉龙下山，晴雪飞滩。"想象奇特大胆，词句诡丽，出奇制胜地描写了瀑布的壮观景象。而其许多作品又以生动浅白的语言入曲，用社会生活中的常见事物作巧妙的比喻，继承前期散曲作家俚俗直率的传统，形成了独特的艺术风格。但他写情必极，貌似写意，用辞必穷，追求新奇，过于纵情，且有些俳优习气，不免失之浅俗，这是其散曲创作的缺陷。

乔吉所创作的杂剧存目11部，有《杜牧之诗酒扬州梦》、《李太白匹配金钱记》、《玉箫女两世姻缘》传世，这些作品保存于《元曲选》、《古名家杂剧》和《柳枝集》中。这些剧作都是以爱情、婚姻为题材的，《扬州梦》以杜牧"十年一觉扬州梦，赢得青楼薄倖名"的诗句命意，截取其《张好好诗》的一些细节，虚构了杜枚与妓女张好好的恋爱故事，并十分生动地再现了商业城市扬州的繁华景色；《金钱记》以华美工细、富有藻饰的文学语言，叙写了韩翃与柳眉儿以私情开始，最后奉旨完婚的恋爱婚姻故事；而取材于唐末范摅《云溪友议》的《两世姻缘》，不仅写出了妓女玉箫与韦皋两世才得以结为夫妇的曲折恋爱经历，诚挚感人，而且表现了玉箫沦落青楼的痛苦经历，在一定程度上，从某一侧面反映了当时的社会生活情景。乔吉这些剧作虽仍是以传统的才子佳人的风流韵事为题材，但立意新巧，曲辞秾丽，艺术成就较高。

养蚕十字诀形成

元代官修农书《农桑辑要》为了指导人民的养蚕实践，将历代养蚕经验加以总结，用"十体，三光，八宜，三稀，五广"10个字，高度概括我国古代养蚕技术，这就是所谓的养蚕"十字诀"。

所谓"十体"，辑自金代农书《务本新书》，指"寒，热，饥，饱，稀，密，眠，起，紧，慢"。寒热是要求掌握适当的温度、湿度。在没有温、湿度计的条件下，有经验的养蚕妇女须穿单衣以人体来测温，如果自己觉得冷，那么蚕也会冷，必须给蚕房加温；自己热，蚕也热，必须降温。这方法和现代养蚕学规定的一、二龄蚕蚕室温度保持华氏 80 度左右十分相合。"饥，饱"是饲蚕给桑必须注意饱食。"稀，密"要求蚕箔上的蚕头

鲁明善的《农桑衣撮要》，是元代月令类农书，中国四大农书之一。

保持疏密均匀。"眠，起"指蚕的休眠和起蚕，技术要求较高。"紧，慢"指饲养时喂叶的快慢。

"三光"是古人观察蚕体皮色变化来确定饲养措施的概括。这种方法一直沿用到现代。"八宜"是对蚕的饲养环境、条件的要求。方眠时宜暗，眠起以后宜明；蚕小时宜暖、宜暗，大时宜明、宜凉，等等，完整地描述了养蚕时的各种环境条件。"三稀"指制种时，蚕蛾要稀放；蚕儿进入大蚕期，应从原先的蚕筐中取出、稀放在蚕箔上；蚕老熟做茧时，要稀放。"五广"，指养好蚕的五个必备条件，包括养蚕人手要宽裕，桑叶饲料要备足，蚕房要宽敞，工具要准备充裕，簇室和簇具要事先齐备。

从《农桑辑要》所引书的著述年代来推算，养蚕十字诀的形成当在金元时代，在元代完全定形，被极重视桑蚕业的元代农业科学家系统总结，成为直到今天仍在指导人们养蚕实践的基本准则。

藏文历史著作《红史》开始撰写

至正六年（1346 年），公哥朵儿只开始撰写《红史》，此书为现存首部藏文历史著作。

公哥朵儿只，姓葛氏，吐蕃松赞干布名相噶禄东赞之后裔。英宗至治三年（1323 年），公哥朵儿只袭万户长职，泰定二年（1325 年），曾至大都朝觐。任万户长职长达 30 年，后与新兴势力伯木古鲁万户冲突失败，至正十二年（1352 年），让位于其弟，出家为僧，法名杰八罗古罗思，受元封为司徒。公哥朵儿只还著有《白史》、《红史续集·贤者意乐》、《花史》、《贡塘喇嘛让吉传》、《思满蓝朵儿只传》等。

《红史》于至正二十三年（1363 年）成书。此书编撰受吐蕃佛教史籍传统的影响，开篇首述佛教的起源和传播、印度王统，接着记述周昭王开始直到元灭南宋为止的中原历代皇帝世系和唐蕃关系、西夏、蒙古王统。下部分记吐蕃本身的历史，记述了吐蕃王统、佛教传播及萨迦、噶当、噶举、加麻瓦、伯木古鲁、必里公、搽里八等教派的源流、世系和有关历史。

郭煌莫高窟六体文字石刻（至正八年），是我国古代民族文化共同发展的例证。

缂丝牡丹纹团扇

居庸关过街塔建成

至正六年（1346年），居庸关过街塔建成。

塔的基础全部用大理石砌成，上建有塔，下有可通行人的洞门，故名。明代塔毁，正统年间重建，再毁。弘治年间，不清楚此塔历史的人们称之为"云台石阁"，后习称云台。但民间仍称"过街塔"。

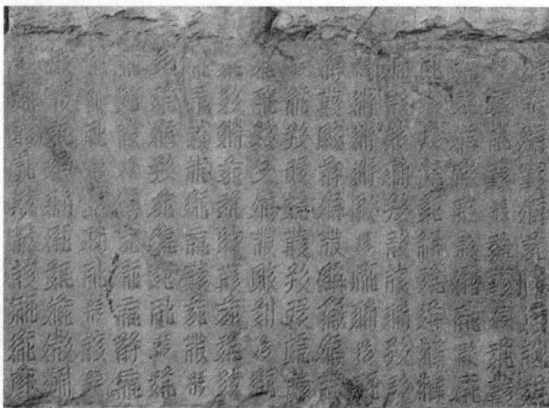

过街塔刻文五——西夏文

现存塔基洞门内，刻有梵、藏（藏文分两体，即加嘎尔文和吐波文）、八思巴蒙古文、维吾尔文、汉文、西夏文文字的陀罗尼经咒颂文，是我国古文字的珍贵文物。佛经两侧、券顶刻有四大天王及大、小佛像。佛像周围刻有曼陀罗等各种花草图案。四大大王是我国古代少见的、用许多石块并集起来的整

塔刻文六——汉文

浮雕。塔基顶部四周挑出平盘两层，上置栏杆，栏杆座柱下向外挑出龙头，是当时石建筑的重要实物。

居庸关云台，实为原过街塔座。

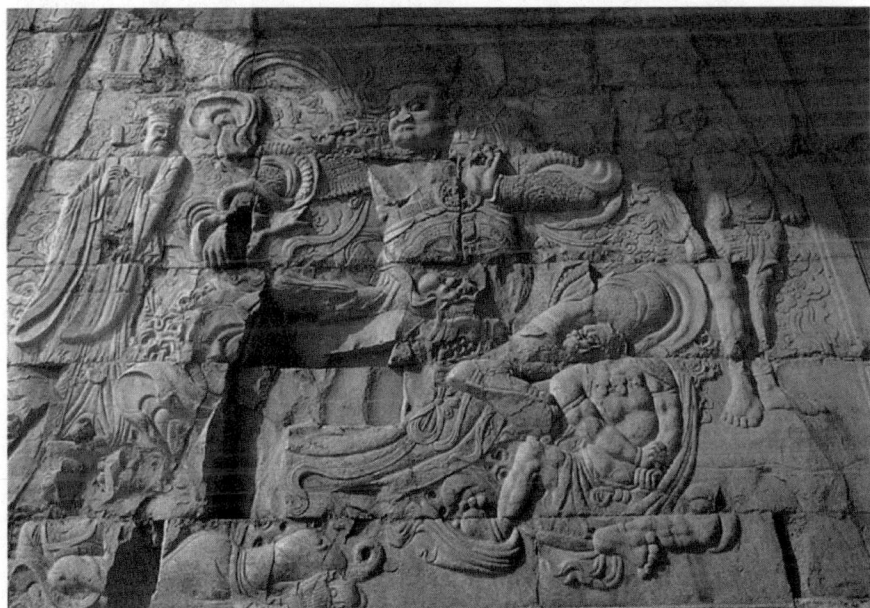

刻于券洞内的四大天王之一

张可久为清丽派巨宗

　　元代后期，散曲创作中心从大都逐渐转移到杭州，创作更为繁荣，并出现了一大批专攻散曲或主要精力和成就在散曲创作上的作家，创作风格也随即发生了变化，反映社会生活的层面更为广泛，艺术上被江南文学传统的妩媚色彩所熏染，显得清秀华丽并趋于雅正典丽，而张可久正是开创散曲创作清丽派的巨宗。

　　张可久（约1280～1348年），一说名久可，号小山，庆元（今浙江宁波）人，元代散曲作家。一生时官时隐，多次出任低级官吏，辗转江、浙、皖、闽、湘、赣各地，奔波而不遂志。80高龄时还出任松源的监税官这种小吏，足见其生活的窘迫和不得已的苦衷。正是其长期为吏的身世和时官时隐的生活经历，组成了困扰其精神的难解之结，因而抑郁感伤地描写坎坷的生活际遇就构成了其散曲创作的主要内容之一，《庆东原·和马致远先辈韵》9首，抒写了其穷迫无定、世态炎凉的感慨。还从自己的遭遇引发联想，对百姓的疾苦寄予同情并揭露险恶的世道，如"伤心秦汉，生民涂炭，读书人一声长叹"、"比人心山未险"等词句，在《醉太平·感怀》中，以愤世疾俗的诗笔，揭示了那个黑白颠倒、贤愚不分的社会现实。坎坷的生活经历唤起他对安适闲逸的田园生活的向往，其作品的更大一部分，集中描写了归隐生活的情与景，寄予了深切而特殊的思想内涵，"归兴"、"旅思'、"道中"是其篇章的常见题目，"二十五点秋更鼓声，千三百里水馆邮程，青山去路长，红树西风冷，百年人半纸虚名"，以悲凉的情结反映了元代士人沉抑下僚、颠沛流离的艰辛境况，因而"依松涧，结草庐，读书声翠微深处。人间自晴还自雨，恋青山白云不去"的恬淡闲适生活自然成了张可久的渴望。作为一个低级官吏，为了谋求生活，必须学会忍让和顺从，因而张可久作品中愤懑和不满并不多见，但"怨而不怒"的色彩却相当浓郁。

作为元代散曲创作风格转捩的关键人物，张可久的创作开始摆脱前期崇尚自然真实的传统，追求清丽雅正，艺术上讲究格律音韵，着力于炼字炼句，对仗工整，字句和美，并融合运用诗、词作法，讲求蕴藉工丽，常将诗词名句熔铸于散曲创作中，使之归于典雅。如其著名散曲《一枝花·湖上晚归》"长天落彩霞，远水涵秋镜；花如人面红，人似佛头青。生色围屏，翠冷松云径，嫣然眉黛横。但携将旖旎浓香，何必赋横斜瘦影"，集中体现了其散曲创作风格和艺术技巧，曲中以丰富的比拟和想象，勾勒西湖晚景，精心雕琢章句，水乳交融地熔铸前人名句，创造出恬静清雅的境界，被誉为"千古绝唱"。

他的创作还脱离了原有散曲俗白一路，白描手法已不多见，过分追求形式美，构成了散曲创作的清丽风格。

元更改钞法

至正十年（1350 年）十一月，元廷下诏成立诸路宝泉都提举司，发行至正中统交钞，每贯值铜钱 1000 文或至元宝钞 2 贯，中统交钞与至元宝钞并用。铸造"至正通宝"钱，与历代铜钱并用。

这次币制改革，源于惠宗即位后，对贵族、官僚、寺院滥行赏赐，宫廷挥霍无度，加上各地灾荒频频，使国库空虚，财政艰难。脱脱再次出任中书右丞相后，集中书省、御史台、集贤、翰林两院等部大臣共同商议解决财政危机的办法，最后决定采纳吏部尚书

元福州刊本《乐书》插图

契哲笃更改钞法的建议，试图以此摆脱危机。

发行的中统交钞价值比至元宝钞高一倍。元廷滥发新钞，是为了搜刮民间的至元宝钞，于是形成以钞买钞的局面。钞与铜钱并用，民间舍虚就实，藏钱弃钞。改钞法实行不久，物价上涨 10 倍，京师用料钞 10 锭，不能换 1 斗粟，人民视钞如废纸。元末战争频繁，郡县贸易多以物易物。钞法变更加速了元朝政府的财政崩溃。

舌诊专著出现

元末，著名医家敖氏集众家之长并结合自己多年舌诊经验，撰成《金镜录》一书。该书记录辨别伤寒舌法 12 首，附舌象图 12 幅，是我国最早的舌诊专著。

舌诊是通过观察病人舌质和舌苔变化诊察疾病的方法，属望诊范畴，是我国传统医疗诊断方法之一。元代的舌诊研究有较大进步，除敖氏外，还有清江（今属江西）的杜本，于至正元年（1341 年）在《金镜录》的基础上，增补 24 幅舌象图，

元代钧窑瓷器瓷浮水观音。观音像坐于底座内倒置小仰莲中央圆孔中，水从周围小孔注入，观音徐徐浮出，设计巧妙。

著成《敖氏金镜录》，使舌诊内容更为完善。36 幅舌象图中，24 图专论舌苔，4 图专论舌质，8 图兼论舌苔与舌质。图中描绘的舌色有淡红、红、青等，苔色有白、灰、黄、黑等，舌面变化有红刺、红星、裂纹等，舌质变化则有干、滑、涩、刺、偏、全等，已大致包括了各种主要的病理舌象。舌图之下附有文字说明，并结合脉象、证候，分析其寒热虚实，阐述外感热病的病因和治疗方法，同时指出病情的轻重缓急和预后好恶，其中不少经验迄今仍有临床指导意义。

敖氏的《金镜录》早已失传，杜本的《敖氏金镜录》尽管在舌质、舌苔以及舌与脏腑的关系中存在一些不足，但它作为我国现存最早的舌诊专著，仍受到后世医学界的高度重视。

方国珍起兵割据浙东

至正八年（1348 年）十一月，台州方国珍起事，割据江东，聚众海上。

方国珍，名诊，字国珍，浙江黄岩人。世以贩盐浮海为业。至正初年，海盗劫掠商民，抢夺漕船。至正八年（1348 年）十月，仇人陈氏向官府诬告方国珍私通海盗，坐地分赃，方国珍怒杀陈氏。官府闻之，派兵缉捕。方国珍屡次贿赂官吏仍不能免，于是带领家属和邻里逃命到海中，集结了数千人，劫夺海运粮，扣留元朝运粮官员，屡败元军。元廷命江浙省发兵征讨，方国珍俘行省参知政事朵而只班，请降。元廷乃授与方国珍元定海蔚。以后几十年中，他对元朝时降时叛。至正十年（1350 年）十二月，方国珍又"烧掠海治州郡"。次年二月，江浙行省左丞孛罗帖木儿率军征讨时被俘，官军不战而溃。朝廷复命大司农达识帖睦尔军招谕方国珍丁黄岩，方国珍兄弟登岸罗拜。绍兴总管泰不花亲至岸边，散其徒众，并授其以官职。

至正十二年（1352 年）三月，因刘福通发动起义，元廷募舟师守江，方国珍起疑，再次入海反元。台州路达鲁花赤泰不花前往招降，被杀。次年，方国珍遣使入京师遍赂权贵，冀求官职。元廷乃授以徽州路治中。但方国珍并未因此息兵，仍横行海上。龙凤三年（1357 年），方国珍是元朝浙东行省参知政事、海道运粮万户。他以庆元为根据地，兼领温州、台州，占领浙东沿海一带地方，拥有船只 1300 多艘，时常占据海道，抢劫粮运，形成了一支对元朝威慑极大的力量。朱元璋当然不允许这股力量继续存在，迅即遣兵调将，分三路进讨，从陆上海上形成了一个大包围。方国珍计穷势屈，被迫投降。

元至元六年（1340）郑氏积诚堂刻本《事林广记》插图

元政府聚书

至正三年（1343 年）时元诏修宋辽金三史，史馆书不足，曾购求遗书，据清嘉庆年间《松江府志》记载，这次危素在松江购得庄肃家藏书 500 卷。

至元十三年（1276 年）元军攻下临安时，便向临安城诏谕曰："秘书省图书……宗正谱牒、天文地理图册，及典故文字，并户口版籍，尽仰收拾。"不久后，伯颜命人将宫中的图籍、秘书省的秘籍图书全部收括。然后，又席卷了国子监、国史院、学士院、太常寺的图书、祭器和乐器等。这次得宋国史及各种注记 5000 余册，都转运到大都。还将各郡官府所藏之精善书籍运到大都。姚燧《牧庵集》记卢挚奉诏将江南诸郡四库精善书运到京师，付与兴文署。

至元十五年（1278 年），又因大学士许衡的建议，到杭州等处取官府的书籍运到京师。

元代掌管图书的机构有兴文署、艺文监。秘书监则主要是"掌历代图籍并阴阳禁书"。

元代官府藏书，不仅继承南宋官府藏书，还向民间征书，并收集了大量书板这大大促进了元代出版业的发展。

朱丹溪创中医滋阴学派

朱丹溪（1281～1358 年），即元代名医朱震亨，字彦修，婺州义乌（今浙江省义乌县）人，因居住地有小河"丹溪"，故被尊称为"丹溪翁"，是金元四大家之一。他曾为应科举考试而钻研儒家经典。30 岁时因母亲生病开始研读《黄帝内经》，初步掌握医理，治好其病。35 岁时师从朱熹四传弟子许谦研习理学，后一心致力学医，并四处寻访名医，于 43 岁从学于名医罗知悌门下。罗知悌将金代医家刘元素、张从正、李杲的著作和学说悉数传授给他。

中华文化走向世界

朱丹溪将刘元素、张从正、李杲三家学说融会贯通，并结合自己的实践研究中医理论，著有《格致余论》1卷（1347年）、《局方发挥》1卷（1347年）、《本草衍义补遗》1卷、《金匮钩玄》3卷（1358年）等。其门人将他的著作整理编纂为《丹溪心法》、《丹溪心法附余》等，集中体现其治疗经验并形成滋阴学派，对后世影响较大。

朱丹溪中医学理论的主要内容有：①阳有余阴不足论。他从理学的观点出发，结合《黄帝内经》的论述，运用"天人感应"的理论，通过对天地日月和人体生命过程中阴阳状况的分析，指出在自然界中存在"阳常有余，阴常不足"的情况，在人体内同样也是阳有余而阴不足：人受天地之气以生，天之阳气为气，地之阴气为血，故气常有余，血常不足。而男子16岁而精通，64岁而精绝；女子14岁而经行，49岁而经断，故阴精"难成易亏"，相火易于妄动，此即"阳有余阴不足"，容易使人体发生病变。要避免"阴不足"，就须防止"阳有余"，顺应阴阳之理，提倡男子30，女子20方可娶嫁。朱丹溪将《黄帝内经》的"恬淡虚无，精神内守"说同理学的"主静节欲"、"收心"、"养心"等学说结合起来，主张以澄心静虑的方法防止相火妄动，重视保养阴气精血，节制饮食，力戒色欲，反对服用丹药。由此可见，朱丹溪的"阳有余阴不足论"，旨在强调抑制相火，保护阴精，却病延年，为阐发"阴虚火动"的病机和倡导滋阴降火法提供理论基础。②相火论。相火论与阳有余阴不足论有着密切的联系，共同构成其滋阴降火学说的理论核心。他十分重视相火的作用，认为相火作为人身之动气，推动和维持人体的生命活动。相火主要居于肝肾两脏，以肝肾精血为其物质基础，此外，还分属于胆、膀胱、心包

王振鹏的《龙舟夺标图》，以长卷的形式描绘人们划龙舟的情景，场面宏大，人数众多。图中楼台殿阁巍峨屹立，河水环绕，岸柳成行。大小不等的龙舟奋力竞渡，浪花飞溅，群鸟惊飞。船上旌旗招展，鼓乐喧天。界画楼阁信仰曲折，方圆平直，细入毫芒，各尽其态。船夫们奋力划桨的动作和神态刻划细致入微。用笔严谨秀劲，神气飞动。

络、三焦等脏腑。相火的常态属生理性相火，对人体的生命活动是至关重要的。相火的变动指相火越位妄动，主要原因是色欲过度、情态过极、饮食厚味，结果伤阴耗精，变生了多种疾病。他提出的相火常与变、吉与凶的两重性，是对李杲学说的补充和发展。③火证论治，倡导滋阴降火。朱丹溪论述火势病证，主要是内生火热，尤其多指相火妄动而为病。强调"阴虚火动难治"，主张"补阴即火自降"，倡导滋阴降火法，其用药特点是补阴必兼泻火，泻火亦即补阴，并创制了大补阴丸等著名方剂。他对阴虚火旺病机的阐发和滋阴降火法的确立，不仅补充了刘元素河间学派重在寒凉清热泻火的不足，又在李杲东垣内伤阴火学说中增加了阴虚发热的内容，从而发展了中医内伤热病学说，对后世杂病和温病的论治影响很大。④杂病论治，提倡气血痰郁辨证治疗。朱丹溪是一位杂病大家，具有独特的见解和丰富的临床经验，主张以气血痰郁为纲治疗杂病，把繁杂的症候表现统括在气、血、痰、郁之中，并设置了调治的基本方，随症加减施治，大大丰富和发展了杂病的辨证论治，故有"杂病用丹溪"的赞誉。⑤在《局方发挥》中集中批评了宋代大观年间盛师文等编制的《和剂局方》及宋元之交形成的"局方之学"，指出了《局方》"一切认为寒冷"的错误观点和"一方通治诸病"的错误疗法，主张临病开方，重用养阴补血之品，反对过用辛燥之品和不问病由据证验方的医风。

　　朱丹溪善于继承、创新而成就卓著。他常援引理学解说医理，从而开理学渗入医学的先河。他创造性地提出了"阳有余而阴不足沦"、"相火论"等新医学理沦，主张滋阴降火，后世称他为"滋阴派"。

琵琶曲《海青拿天鹅》等乐曲出现

　　元代的器乐音乐成就较大，其中最出色的作品有琵琶曲《海青拿天鹅》、器乐曲《白翎雀》、《白沙细乐》，以及一些七弦琴作品等。

　　琵琶曲《海青拿天鹅》是一首高水平的在上层社会流传的器乐独奏曲，描写出海青捕捉天鹅时激烈搏斗的情景。元人杨允孚曾有诗写道："……新腔翻得凉州曲，弹出天鹅避海青。"用"凉州曲"形容出了曲中辽阔骠悍、粗犷萧瑟的北方自然风貌。该曲最早出现在清代嘉庆甲戌年间的《弦索备考》

中，被称为《海青》，是琵琶、弦子、筝和胡琴的合奏谱；后又见于我国首部公开出版的琵琶谱，华氏《琵琶谱》（1818年），标题为《海青拿鹤》，为独奏曲。此曲别名为《拿鹅》、《放海青》、《平沙落雁》等，还有其它演奏形式。

《白翎雀》则见于《辍耕录》，原乐为《答剌》，是一首蒙古族的器乐曲，除合奏形式外，还可以用筝、琵琶或其他双手弹奏的乐器，如十四弦箜篌进行独奏。此曲是元世祖命伶人硕德闾创制的教坊大曲，但元世祖觉得它"末有怨怒哀嫠（寡妇）之音"，认为它繁促的节奏和哀怨的情绪不太适合"开基太平"的政治需要，因此不太满意。但该曲仍流传广泛，从元到明始终是一首非常重要的器乐曲。

现唯一传世的蒙古族乐曲是云南丽江纳西族音乐中以歌、舞、器乐综合形式出现的主要由器乐演奏的《白沙细乐》。白沙是云南丽江城北的一个乡镇，忽必烈于宋宝祐元年（1253年）南征时，有部分蒙古军队曾在此停留，并有人长期居住下来，该曲就是其后裔保留下来的。相传忽必烈还将乐队留赠当地首领阿良。故现丽江纳西族乐队演奏此曲时，其穿戴仍保持着蒙古族的习俗。《白沙细乐》的若干乐曲都富有哀伤凄凉的色彩，常被用于民间丧事，成为一种风俗性音乐。几百年来也吸收了一些纳西族和其他少数民族音乐的成分，是非常重要的元代音乐作品的遗存。

元朝

1351 ～ 1360A.D.

1351A.D. 元至正十一年

四月，用贾鲁言，开黄河故道，设总治河防使。

五月，刘福通等拥白莲会首领韩山童起义，拔颍州，其众以红巾为号，烧香聚众，因有红巾军或香军之号。

十月，寿辉以蕲水为都，称皇帝，国号天完。

1352A.D. 元至正十二年

二月，定远民郭子兴等起义，据濠州，自称节制元帅。闰三月，朱元璋从郭子兴于濠州。

1353A.D. 元至正十三年

五月，泰州民张士诚等起义，据州城，下高邮。自称诚王。

1354A.D. 元至正十四年

十一月，右丞相脱脱大败张士诚于高邮。

1355A.D. 元至正十五年

二月，刘福通等迎韩山童之子林儿为皇帝，号小明王，国号宋，都亳州，五月，朱元璋附于韩林儿。

1356A.D. 元至正十六年

二月，张士诚下平江，据之，改为隆平府，称周王。七月，朱元璋称吴国公。

1357A.D. 元至正十七年　八月，张士诚屡败于朱元璋，请降于元。

1358A.D. 元至正十八年

五月，刘福通下汴梁，迎韩林儿居之，以为都，其都将取晋宁。

1359A.D. 元至正十九年

正月，朱元璋部取诸暨，方国珍附之。十二月，徐寿辉部将陈友谅自称汉王，拘寿辉于江州。

1360A.D. 元至正二十年

闰五月，陈友谅破太平，嗣杀徐寿辉，自为皇帝，国号汉。

1354A.D. 奥斯曼土耳其人定居于达达尼尔海峡北岸之加里波利，是为土耳其人在欧洲第一次获得之立足点。

1396A.D. 皇帝职位变成圣罗马帝国七大选侯之商品，公开买卖。

1358A.D. 法国"夏克里"起义爆发。

1360A.D. 英王爱德华兵临巴黎，旋与法王订《布累廷宜和约》。

刘福通红巾军起义·建号大宋

至正十一年（1351年）五月，刘福通聚众起兵，红巾军暴起于中原。

元朝后期，政治日益腐败，土地兼并严重，地主阶级对农民的剥削越来越苛刻，阶级矛盾迅速激化，再加上黄河决口、山崩、大旱等天灾不断出现，反元起义一触即发。

至正十一年（1351年），韩山童利用白莲教发动起义。他派教徒在治河民工中活动，在黄河故道预先埋下一个独眼石人，然后到处宣传："石人一只眼，挑动黄河天下反。"民工挖出石人，以为应验，个个惊异不已。韩山童、刘福通遂号召民工起义，他们以红旗为号，头包红巾，故名红巾军。又因其烧香拜弥勒佛，也称香军。韩山童不久战败牺牲，刘福通继续战斗，攻占了颍州。

刘福通于龙凤五年(1359)铸"管军万户府印"

元廷命枢密同知赫厮、秃赤率领素称骁勇善战的阿速军及各路汉军，会同河南行省官军前去镇压。官军见红巾军势盛，不战而逃。红巾军乘胜进占亳州。项城、朱皋、罗山、真阳、确山军。九月，攻占汝宁府和息州、光州，力量迅速发展到10几万人。

至正十五午（1355年）二月，刘福通拥立韩山童的儿子韩林儿为小明王，国号"宋"，年号龙凤，建都亳州，势力遍及黄河流域及西北和东北。

属于红军系统的，还有另外三支。一支是郭子兴部，朱元璋原来就是住郭子兴的部下，主要活动住江淮地区。郭子兴死后，其部下由朱元璋统率。后攻克集庆（南京），改用黄旗，但名义上仍属于红巾军。另一支是徐寿辉部，陈友谅和明玉珍都是他的部下，主要活动在长江中游地区。徐寿辉还建立了政权，号"天完"。还有一支是王权和孟海马部，起于襄阳。后来，王权向北发展，称北锁红军；孟海马向南发展，称南锁红军。起义军到处攻官府，杀豪强，开仓济贫，受到人民的拥护。

至正十六年（1356年），刘福通分三路北伐。次年，下东平、济南，并由山东乘胜北上进入河北，直逼大都。由于三路大军未能相互配合，力量分散，刘福通为蒙、汉地主武装所败。但元朝的主力已基本被摧垮。处在南北红巾军中间的朱元璋利用了这一有利形势，扩充势力，最后终于推翻了元帝国，于1368年建立了明朝。朱元璋由农民起义领袖转化为封建皇帝。

红巾军大起义推翻了元朝的黑暗统治，有力地支援了其他汗国人民的斗争，因而它是一件具有世界历史意义的大事。这次大起义沉重地打击了封建地主阶级，使长期积累的土地兼并问题得到一次大规模的调整，使官撩地主占有的大量土地得以重新分配，促进了生产的发展。同时，这次大起义局部地改变了落后的生产关系，在起义的过程中，大批奴隶得到解放，工匠的身份在明初也得到提高，促进了生产力的发展。红巾军起义推动了历史的发展，它的功绩是不朽的。

徐寿辉起义称帝建天完

　　至正十一年（1351年）八月，蕲州罗田布贩徐寿辉、黄州麻城铁工邹普胜等人往蕲州利用白莲教组织起义，起义农民头裹红巾，所以称红巾军。九月，攻占蕲水。十月，起义军共拥体魄魁伟的徐寿辉称帝，邹普胜为太师，建立农民政权，国号天完，年号治平，以蕲水为都城，并设立了比较完备的行政机构和军事机构。

　　天完政权是元末农民起义中最早建立的农民政权。天完政权建立后，从至正十二年（1352年）正月开始，即分兵四出，扩大战果。丁普郎、徐明达攻克汉阳、兴国，邹普胜攻克武昌、龙兴，曾法兴攻克安陆、沔阳、中兴，欧普祥攻克袁州，陶九攻克瑞州，陈普文攻克吉安，周伯颜经江西、湖南进入广西。同年（1352年）夏季，元军集结兵力于两淮，天完红巾军向东南发

徐寿辉铸"管军万户府印"铜印

展，王善攻入福州。尤其是彭莹玉、项普略一支，活动范围最广，东去江西，历安徽，抵浙江，占领东南重镇杭州，又折回苏南、安徽和江西，战斗最激烈，取得的战绩也最大。所到之处宣传"弥勒下生，当世为主"和"摧富益贫"的口号得到各地贫苦农民的大力支持。元朝统治者调集各省军队，从四面八方对起义军进行"围剿"。江浙行省兵自东向西，河南行省兵与江西行省兵合围，元将答失八都鲁率四川兵自襄阳分道而下。红巾军在湖广等5行省兵力的围攻下失败。元军很快占据了饶州、江州、安陆、武昌、汉阳、瑞州等地。十四年八月，元军合围天完国都城蕲水，徐寿辉被迫败走黄梅山区和沔阳湖中。整个南方农民起义军面临严峻的形势。

十九年二月徐寿辉欲往龙兴，陈友谅设伏江州城外，杀其左、右部属，建都江州，挟持徐寿辉，自称汉王，一揽大权。二十年五月，陈友谅杀徐寿辉于采石，改国号大汉。

郭子兴起兵濠州

郭子兴，濠州定远（今安徽定远）人，出身富室。他聚众烧香，是当地白莲教的首领。又聚集少年数千人，自称节制元帅。

至正十二年（1352年）二月，郭子兴知天下将乱，乃聚家财与壮士结交，集众人攻城起义，与农民孙德崖及俞姓、鲁姓、潘姓等起兵反元，攻占濠州（今安徽凤阳东北）。五人同称元帅，郭子兴居第五。当地农民群起响应，他们手执兵杖，头

王御史渠引泾河的渠口遗址

裹红巾，众至数万，群山尽赤。闰三月，濠州钟离（今安徽凤阳县临淮关）贫家子朱元璋投奔郭子兴，参加红巾军。九月，徐州城破，李二部将彭早住、赵君用率众突围，逃奔濠州，与郭子兴军会合。脱脱命中书右承贾鲁督攻濠州。贾鲁围城7月未克，病死。次年五月，濠州围解。鲁淮王彭早住、永义王赵君用于十四年（1354年）上半年屯兵盱眙（今江苏盱眙县），攻下泗州（今江苏盱眙县）。七月，郭子兴遣朱元璋攻占滁州（今江苏盱眙县）。孙德崖、赵君用与郭子兴不合，郭子兴移居滁州，朱元璋由镇抚升为总管。郭子兴

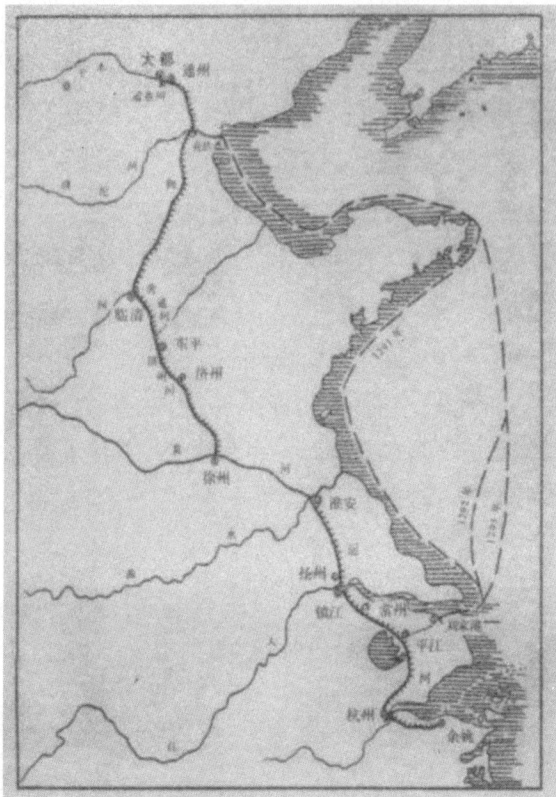

元代海运和运河图

欲自立为王，被朱元璋劝阻。十五年正月，朱元璋献计攻下和州（今安徽和县）。三月，郭子兴病死于和州，朱元璋遂掌握了这支军队的实际领导权。韩林儿的宋政权任命他为左副元帅，从此，这支起义军就正式归大宋政权统辖，直到龙凤十二年（1366年）韩林儿死为止，朱元璋都是"用龙凤纪年，旗帜等色尚赤"。

郭子兴这支起义军，终被朱元璋统率。

修治黄河

　　顺帝至正九年（1349年），中书省右丞相脱脱力排众议，采纳河东高平人贾鲁建议，确定了"疏浚南河，塞北河；使复故道"的修治黄河方案。十一年（1351年）四月，诏开黄河故道，命贾鲁为工部尚书、总治河防使，征发汴梁（今河南开封）、大名（今属河北）等13路民工15万人及庐州（今安徽合肥）等18翼2万军队，自四月二十二日施工，开始大规模治河。

　　根据贾鲁"疏塞并举，先疏后塞"的治河方法，整个工程分为三个阶段：第一阶段是疏浚从黄陵冈到哈只口的黄河故道和凹里村到杨青村的减水河。第二阶段是堵塞黄河故道两岸的缺口、豁口、修筑堤埽，以使黄河复行故道

黄河险工坝埽。贾鲁治河所以能在短期内奏效，主要是因为采用了"船堤障水"的合龙技术。堵决口工程全部用草捆扎而成大埽下埽以堵住决口。后来，人们都学习该法，用秸料扎埽筑坝。现已全部采用石料水泥砌坝埽作为黄河险工。

117

后不致出现决溢。第三阶段，采用船堤障水法，堵塞白茅堤决口，勒黄河回故道，使之东去徐州，合淮河入海。分道开凿，七月凿成。八月放水入黄河故道，九月舟楫通行。十一月，水土工程全部完毕，共花了 190 天。工程之浩大，为古代治河史所罕见。

黄河源图。元至元十七年 (1280) 四月，女真人都实奉元世祖忽必烈之命，考察黄河源头。经过 8 个月的考察，年终返回。绘有黄河源图，并标注了城、传 (驿站) 的位置，上报朝廷，受到了元世祖的嘉奖。此图是最早经实测绘制的河源地区图。它不仅在当时经济、水利和军事上有极大的价值，而且在世界测绘史上也占有重要地位。

欧阳玄著《至正河防记》

至正四年（1344 年），黄河在白茅（今山东曹县境内）及金堤决口北流。至正十一年（1351 年），贾鲁以工部尚书兼总治河防使主持堵口。当年堵口完成，黄河主流复行原道，东南经徐州等地入淮归海。为此，朝廷特命翰林学士欧阳玄撰制河平碑文，以表扬功绩。欧阳玄在访问贾鲁及有关人员和查阅了大量施工档案的基础上，写成《至正河防记》一书，对本次黄河大决口进行了技术性的总结。

《至正河防记》详细叙述了贾鲁的堵口治河方略、施工技术和施工过程，指出当时施工方法有三：疏，即分流减涨，因势利导；浚，即河槽清淤除障；塞，即拦截决水从而堵口。疏浚分四类：挖生地为新槽，避弯取直；浚故道使高低相配，有一定坡降；整治河身，使堤距宽窄适应水势；开减水河，使涨水有所分泄，减轻主槽负担。施工步骤是：疏浚决口前原道及减水河，总长 280 多里；修筑堤防，如北岸白茅河口向东曾修堤 254 里多；先堵较小缺口 107 处及豁口 4 处，最后堵塞主要决口，修筑截河大堤（即堵口大坝）长 19 里多；创造了用装石沉船法筑成的挑水坝（石船堤），挑溜归入主河槽，减轻决河口门流势等。该书记载的这些工程技术与实践，代表了 14 世纪中国水利科技的最高成就，在河工史上具有重要的地位。

张士诚大败元军于高邮·进军江南称王

至正十四年（1354年）正月，张士诚据高邮称王建国。

张士诚，泰州白驹场亭民，以操舟贩盐为业。至正十三年（1353年）正月，张士诚与其弟士义、士德、士信联合壮士李伯升等18人，杀大户，招纳盐丁，起兵反元，一举攻下泰州（今江苏泰州）。元朝政府遣高邮知府李齐前去招降，张士诚接受招安，受任民职，且请求跟从征讨红巾军。但部下诸将意见不一，相互攻杀。后元淮南江北行省参知政事赵琏移镇泰州，命张士诚北征濠、泗。张士诚不从，再次反叛起义，破泰州、陷兴化，驻扎德胜湖。五月，攻下高邮。次年正月，张士诚在高邮自称诚王，国号大周，年号天佑，建立了政权。

大周政权突起高邮，占据要冲，阻绝南北，使元朝政府十分惊恐。十四年九月，丞相脱脱统领诸王、诸省各路军马，号称百万，出征高邮。高邮被围困3日，城中日益不支，人心浮动，城破在即。张士诚准备投降，又恐"罪在不赦"。危急关头，十一月，元中书右丞哈麻挟私忿，连上三章，弹劾脱脱"劳师费财"。顺帝听信谗言下诏削脱脱官爵，安置于淮安路，以河南行省左丞相太不花等代领其兵。临阵易将，元军大乱，百万之众，一时四散，无所投附者

张士诚铸的"天祐通宝"

加入了红巾军。张士诚乘机出兵，反败为胜。高邮之战是元末农民起义军的一个重要转折点。各地农民军复起，使已处于低潮的农民战争再次转入高潮。

高邮之役后，张士诚向东南发展，攻至通州。至正十六年（1356 年）攻克常熟、平江、松江，改平江为隆平府，据以为都。随即与割据集庆的朱元璋发生争战，相继败于龙湾、常州。至正十七年，张士诚被迫降元，受封为太尉，并继续与朱元璋争夺地盘。北方红巾军失败后，张士诚乘朱元璋主力与陈友谅大战之际，迅速扩展地盘，据地南抵绍兴，北逾徐州达于济宁，西面包括汝、颖、濠、泗诸州，东至于海，拥兵数十万。至正二十三年（1363 年），遣兵助元廷攻安丰红巾军后，要挟元廷封王未遂，自称英王。至正二十六年，朱元璋遣徐达、常遇春率军 20 万攻张士诚。二十七年九月，朱元璋军破平江，张士诚被俘。

芝麻李等起义

元末刘福通起义军攻占颍州后，各地的白莲教徒纷纷起兵响应。起义于徐州的芝麻李（李二）、彭大、赵均用等便是其中的一支。

李二，邳州（今江苏邳县北）人。家有芝麻一仓，饥荒时开仓赈济饥民，故人称"芝麻李"。刘福通攻占颍州后，李二与社长赵均用同谋响应，联络樵夫彭早住及其父志彭等 8 人，烧香拜佛，歃血为盟。当时河工正兴，民众苦役。芝麻李等装扮成挑夫，往徐州投宿，城内外各 4 人。天未明，互举火呼应，斩关而入。竖大旗，募人为军，从者 10 余万人，攻占徐州及附近各县，并分兵四出作战，攻克了宿州（今安徽宿县）、五河（今安徽五河）、虹县（今安徽泗县）、丰（今江苏丰县）、沛（今江苏沛县）、灵壁（今安徽灵壁）、安丰（今安徽寿县）、濠（今安徽凤阳临淮关）、泗（今江苏盱眙）等地。由于徐州扼黄河与京杭大运河的要冲，李二军攻占徐州，对元朝政权造成了极大威胁。第二年八月，右丞相脱脱亲自出师征讨。九月，元军以巨石炮猛攻徐州城数日，攻破南关，徐州城陷，李二败走。月余，李二被俘，为元军斩杀。赵均用、彭早住等则率众投奔濠州，与郭子兴会合。至正十三年（1353 年），彭早住称鲁淮王，赵均用称永义王。

正是在各地白莲教徒纷纷起兵响应的形势下，元末农民起义的势力越来越强大，最后汇聚成一股反抗洪流，推翻了元帝国的黑暗统治。

朱元璋势力渐强

在元末群雄并起的情况下，朱元璋所领导的红巾军的势力逐渐强大起来，并取得了最后的胜利，建立了明朝。

朱元璋由于才略出众，深得郭子兴的器重，至正十五年（1355年）郭子兴死，朱元璋便掌握了这支军队的实际领导权。

同年六月，朱元璋南渡长江，夺取了太平路（安徽当涂）一带大片地区。第二年三月又亲率大军攻克集庆路（南京），改名应天府，建立江南行省。并以应天府为根据地，分兵占领镇江、金坛等地，逐渐发展为当时起义军中的一支劲旅。

攻下集庆后，朱元璋采取了固守东西，出击东南的战略，准备与群雄逐鹿中原。他先取皖南诸县，然后由徽州路（安徽歙县）进取建德路（浙江建德），构成包围婺州（浙江金华）的形势。天启元年（1358年）十二月，朱元璋亲

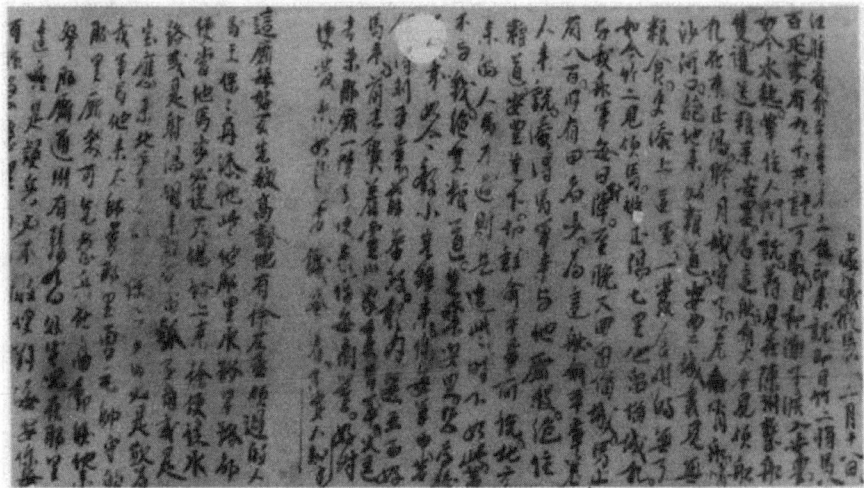

朱元璋于龙凤十二年（1366）所书两道军令，促徐达火速攻取安丰、高邮。

自统帅 10 万大军包围了婺州，元守将开城投降。朱元璋在婺州建中书浙东行省，接着又占领了浙东的诸暨、衢州和处州（浙江丽水）。东南一带被孤立的元军据点，次第消灭。

至正二十三年（1363 年），朱元璋与陈友谅在鄱阳湖决以死战，结果陈友谅中流矢死亡，朱元璋占据了长江中游地区。4 年后又消灭了割据苏州的张士诚。至正二十七年（1367 年），朱元璋对盘踞浙东的方国珍分三路大军进行征伐，最后用 3 个多月的时间便消灭了其割据势力。

这样，朱元璋便基本上消灭了元朝的残余势力及各地的主要割据政权，并于洪武元年（1368 年）建立了明朝。朱元璋之所以最终能成为明代的开国皇帝，是因为他比较注意建立巩固的根据地，能够重用一批地主阶级的知识分子，帮他制定比较正确的战略和策略。

刘福通红巾军攻汴梁

龙凤三年（1357 年）夏，三路红巾军开始北伐。东路军由山东红巾军首领毛贵率领，是这次北伐的主力，目标直指大都。中路军由关先生、冯长舅、沙刘二等率领，任务是逾太行，入山西，配合东路军形成对大都的包围。西

刘福通铸"龙凤通宝"

路军由白不信、大刀敖、李喜喜等率领攻取关中。

在三路军开始北伐的同时，刘福通亲率主力北上，目标直指汴梁（今河南开封）。汴梁是北宋的都城，红巾军建号为"宋"，以"复宋"为号召，攻占汴梁对于推翻元朝的统治将具有极大的号召力。

六月，红巾军没有直接攻打汴梁，而是转而直大名路（今河北大名南）。八月，攻占大名，继而自曹（今山东菏泽）、濮（今山东鄄城北）进攻卫辉路。驻守卫辉的答失里八都鲁自知力量不如，便向元廷求助，元廷遣将出兵袭击红巾军。两军激战，元军大败。答失里八都鲁在军中忧愤而死，其子孛罗帖木儿袭其职，领军退驻井陉（今河北的井陉西）。

红巾军占领大名、卫辉等豫北、冀南重镇后，实际上完成了对汴梁的包围。龙凤五年五月，刘福通正式发起对汴梁的进攻。元守将弃城逃跑，大宋军进驻汴梁城。刘福通自安丰（今安徽寿县）迎小明王韩林儿，定汴梁为宋都城，开始建造宫室。

同月，察罕帖木儿攻陷归德府等，又发陕西、山西元军从西面、北面进攻汴梁。孛罗帖木儿则主要切断汴梁与山东红巾军的联系。刘福通孤军无援，奋力死守。八月，汴梁城陷。刘福通的红巾军虽然失败了，但元朝的主力已基本被摧垮。

郑玉崇朱

郑玉（？ ～ 1357 年），字子美，又号师山，徽州歙县（今安徽歙县）人。幼年好学，年长后研读六经，精通《春秋》，是元末有一定影响的理家和徽州地区颇有声望的学者。

郑玉尊崇朱熹为儒学道统正传，指出孔、孟之后，汉儒章句之学"破碎支离"，唐人文章"浮夸委靡"，因而造成佛、道之说乘虚而入，以空虚无为之说诱惑于民，"上焉者落明心见性之场，下焉者落祸福报应之末。"他对朱熹异常推崇，认为朱熹是儒学之集大成者。

他的理学思想倾向是继承和维护朱熹的理本体学说，故而他提倡"为学之道"要知宇宙万物之本原，而反对"用心于支流余裔"。

他推荐《太极图说》和《西铭》二书，意在通过《太极图说》明晓"总天地万物之理"的"太极"便是"万化之根"，即"宇宙万物的大本大原之所在"。此说的目的在于阐述朱熹的"理"本论和"体用一源，显微无间"的体用之学。而《西铭》一书被推崇则是因为《西铭》是讲"理一分殊"问题的。朱熹曾以"理一分殊"的命题回答统一性和多样性的关系，其主要意图在于解决统一的封建道德与处于不同阶层的人所应承担的道德责任的关系问题，从而明确"理"不仅是宇宙万物的本原，还是社会伦理道德的总原则，即所谓"天人事一理"。郑玉强调"为学之道"须知"大本大原之所在"的意图也在于此。

郑玉不仅崇尚程朱理学，也尊唐陆学。他主张对于二宋学说要求同存异，取长补短，"和会朱陆"。

郑玉的主要著作有《春秋经传阙疑》、《师山文集》等。他在吸收推崇前人的基础上，也逐渐形成了自己的思想学说。他所谓"眼空四海，胸吞云梦，以天地为籧篨，古今为瞬息"（《师山文集·云涛轩记》）的说法，即把天地古今的一切变化归之于吾心。这就为明代"心学"的兴起，提供了某些思想资料。

《回回药方》流行

元朝中后期，随着伊斯兰教的广泛传播，阿拉伯医学（也称"回回医学"）在中国也流行起来。《回回药方》就是一部以阿拉伯医学为主，同时包含中医药内容的医学著作。

《回回药方》共36卷，现仅残存4卷。其成书年代及作者史籍中均无记载，从残存内容分析，该书大抵由中国的回回医家于元末明初参照回回医学和中医学揉合而成。如其中的"折伤门"，所载的正骨技术就有不同的医学渊源，治疗肩关节脱位方法，既有著名的希波克拉底氏法，也有仿《世医得效方》的"杵撑坐凳法"，还有根据唐代"靠背椅式"原理改进的"人掮法"。

《回回药方》残卷甚少，但从中也可看出当时治疗颅脑外伤的水平是相当高的。书中记载了"颅脑骨粉碎骨折剔除法"：先让病人剃去头发，用棉花塞着病人的耳朵，用布条蒙着病人的眼睛，以便减少病人因手术造成的心理恐惧。然后让病人选择有利于手术进行的姿势，在外伤口处作十字形切开，这样尽管刀口损伤面积大些，但有利于剔除里面的死骨。如果需要给颅骨钻孔，一定要注意颅骨厚度，为了预防脑膜和脑组织受损，尽量采用排钻数孔的方法。清理伤口时，要小心翼翼地用锯锯开，再用镊子、钳子清除碎骨和碎屑。最后敷药缝合完成手术。书中还告诉人们做手术要把握时机：如果碎骨未挤沓入脑膜，不可急于手术；如果碎骨已经挤沓入脑膜并导致病人肿胀、筋缩或中风不省人事等严重病状时，要立即动手术清理伤口，剔除碎骨。当动脉损伤出血时，在离伤处稍远而又近心端的动脉处用带子拴紧，以阻断血流，这种方法已接近现代的"止血带"的作用。

《回回药方》书影

上述治疗已运用了扩创术、病灶清除术、开颅减压等手术疗法，足以反映元代回回医在颅脑外伤手术治疗方面所达到的高超水平。

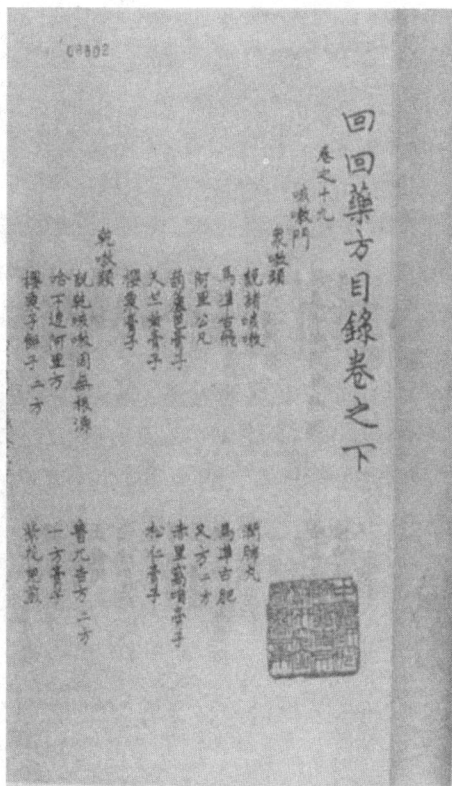

陈友谅称帝建汉

　　至正二十年（1360年）五月，陈友谅灭天完，建国大汉。

　　陈友谅，湖北沔阳人，本姓谢，赘于陈家，故改姓陈，曾为县吏。他聚众起义后，投奔徐寿辉，任倪文俊丞相府簿书掾，因功升统军元帅。至正十七年（1357年）九月，倪文俊谋杀徐寿辉未成，出逃黄州，陈友谅杀之，并其军

125

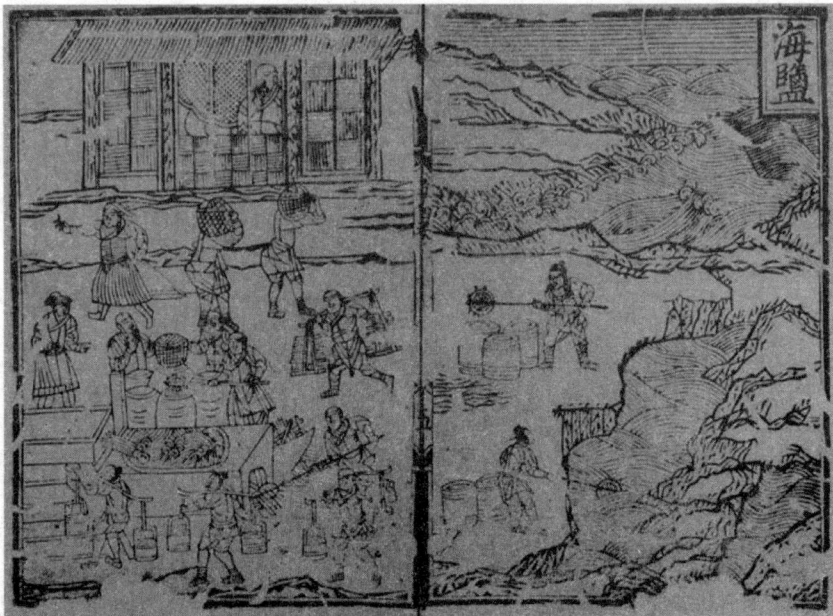

元至正年间重刊本《大观本草》插图

队，开始掌握天完政权。年底，陈友谅率军浮江而下，与赵普胜攻破安庆。接着，陈友谅乘胜长驱直入，连克龙兴、瑞州、邵武、吉安、建昌等路，取得重大胜利。至正十九年（1359年）九月，天完大将赵普胜与朱元璋部将徐达战于无为、潜山，不利，陈友谅诈许与之会军，在安庆东杀了赵普胜。十二月，陈友谅迫徐寿辉迁都江州，在城外设埋伏杀徐寿辉部属，自称汉王。至正二十三年（1363年）三月，陈友谅率60万大军围攻洪都。五月，挟徐寿辉分兵攻打朱元璋占据的太平、吉安、临江等地，在采石矶杀死徐寿辉，自称皇帝，建国号汉，改元大义，以邹普胜为太师，张必先为丞相，张定边为太尉兼知枢密院事。

　　七月，朱元璋率兵20万救洪都，陈友谅退至鄱阳湖迎战。陈军联结大船为阵，朱军以小船，利用风势火攻，大败陈友谅。部将用船载其尸及子陈理逃回武昌，立陈理为帝。至正二十四年（1364年），朱元璋率水路大军征武昌，陈理请降，大汉灭亡。

元官田膨胀

元代官田是在宋和金官田的基础上发展起来的。元朝灭金和南宋之后，元政府接收了金与南宋政府控制的大部分官田。与此同时，由于战争、灾荒等原因，导致耕种者大批逃亡，遗留大量的荒田旷土，成为元朝官田的重要来源。此外，元政府还通过籍没官僚地主田地以及购买民田等多种方式使官田数量迅速膨胀。

元代官田主要用作屯田、赐田、职田、学田、牧地等专用官田，也有一部分普通官田，由政府管理和经营。

屯田是元官田的重要用途。元灭南宋前，蒙古军队受到南宋军民的顽强抵抗，为了保证军队的粮饷供应，元政府开始在河南、四川、关中等地组织屯田。元灭南宋后，元世祖便把屯田作为一种制度固定下来并推广到全国各地。从辽阳行省的鸭绿江畔，到云南的苗族八番（分布于今贵阳以南的惠水、长顺等县）；从蒙古高原的和林（今蒙古共和国哈尔和林）城外，到风光秀丽的海南岛；从东海之滨到西部畏兀儿地区，到处都有屯田。据有关资料推断，元代屯田至少应在30万顷以上。

元代官田很大一部分用作赏赐。赏赐对象不仅有诸王、公主、百官臣僚，而且有寺院、道观，数量之多是空前的。

职田是政府根据各级官员职位的不同而分别授予的官田，数量由200亩至1600亩不等。这种制度是从至元三年（1266年）开始在北方地区实行。至元二十一年（1284年）年又以比照北方减半的原则，确定了江南地区官吏职田的数量。

学田也是官田的一种。元代的地方儒学与书院大都有数量不等的学田，少则一二百亩，多则数千亩，甚至数万亩，其租入钱粮主要用于师生伙食以及校舍维修。

此外还有一部分普通官田，政府以租佃方式进行经营管理。这部分官田大多集中在江南地区，从一些方志记载看，官田比例是很大的，如庆元路（今浙江）官田占总数的 13%，镇江路（今属江苏）占田 26%，其中丹徒县（今镇江）竟高达 34%。

官田数量大量增加是元代土地制度的两大特征之一。官田的增加，对元朝统治起过一定积极作用，如元朝财政收入主要依赖江南，江南地区财政收入中相当一部分又是来自官田税粮；屯田不仅提供了军饷，而且在恢复和发展农业生产、促进边疆开发等方面发挥了有益的作用。但随着官田的增加，官田经营过程中经济剥削加重，完全失去生产资料和人身自由的官奴与驱口也不断增加，从而加剧了元代阶级矛盾的尖锐化。尤其是官田大量用于赏赐，助长了地主阶级土地所有制的进一步发展，减少了国家赋税收入，导致了国家财政危机的加深，从而加速了元朝政权的灭亡。

镔铁传入

镔铁是以花纹钢，其表面打磨光净并稍加腐蚀后，便能显示出一种自然花纹，且用其制作的刀剑等刚强锋利，并具有一定的弹性，因而颇受重视，在元代主要用于制作宝刀、宝剑、法轮等贵重器物。

其工艺是从南亚、中东一带传入我国的。早在隋唐时代乃至以前，我国对镔铁已有所认识并屡见于文献。《魏书·西域列传》说波斯国出产榆石、火齐、镔铁。《隋书》又有罽宾产镔铁的记载。唐、宋等

盛懋，字子昭，嘉兴魏塘镇人。生卒年不详。工画山水、人物、花鸟，在元代享有盛名。图为其《秋舸清啸图》轴。

许多文献都有记录。元代在工部的诸色人匠总管府下设有镔铁局这一专门机构，掌管"镂铁之工"，工部的提举右八作司又在都局院造作镔铁等。说明元代人已完全掌握了镔铁的生产工艺，并已形成相当的生产能力。

关于镔铁的花纹形态和显示花纹的方法，元代文献不见记载，直到明代，曹昭才的《格古要论》才见记载，且记述相当详细，其中有关于"旋螺花"、"芝麻雪花"等镔铁自然花纹的描述及用机械方式作出的"回回纹"的记录。相当于现代的"金相腐蚀法"的工艺是用"金丝矾"即黄矾，作用于含碳量分布极不均匀的钢铁集合体上。高碳部位抗蚀能力较强，低碳部位抗蚀能力相对较差，因而在擦过金丝矾之后，在自然光线照射下，铁面会显示出明暗不同的花纹来。在工艺上有印度的乌茨钢法和流行于亚欧的诸铁和合法。其中乌茨钢法又分为自然钢法和块铁渗碳法。诸铁和合法是把两种含碳量相差较为悬殊的铁碳合金锻合在一起，和我国古代的折花钢工艺大体一致。据专家推测，元代的镔铁加工工艺大致是乌茨钢法和诸铁和合法两种。

镔铁加工工艺的传入，是我国冶炼业的一次较大进步，说明我国元代匠人已能掌握较复杂的金属冶炼工艺。

诸宫调延续

诸宫调这种说唱品种创始于北宋时期，是由泽州（今山西晋城）的孔三传首创，后来又传入戏曲中，金代的《董解元西厢记》就是诸宫调的代表作品。至元代，

掐丝珐琅三环尊。尊为铀胎镀金，通身施浅蓝釉为地，掐丝填彩釉为纹。其珐琅釉色与伊斯坦布尔珐琅颇似，当为元末制品。其颈、足及三兽衔环为清初所配。

玉瓮，又名渎山大玉海，现存放在北京北海团城玉瓮亭中。元代初年制作，是我国琢玉工世史上一件重要的大型玉雕。玉质青白中带黑。瓮高70厘米，长182厘米，宽135厘米，重约3500公斤。周身浮雕海浪和海猪、海鹿、海犀、海龙等。造型气势磅礴，形态生动，是我国现存最早、最大的传世玉器。

诸宫调仍有延续。

在元代，诸宫调一方面渗入戏曲当中，以多种宫调的曲调构成复杂的曲体来铺排长篇故事，对元代戏曲音乐产生了很大的影响；另一方面前代的一些诸宫调，如《董解元西厢记》、《倩女离魂》、《谒浆崔护》、《双渐豫章城》、《柳毅传书》等名篇，在元代不仅继续传播，有的还经过元人的改编。如元世祖时人胡正臣能将《董西厢》自首句"吾皇德化"一直唱到结尾；南宋高宗时著名艺人张五牛创作的描写书生双渐与妓女苏小卿悲欢离合故事的诸宫调《双渐豫章城》，也因经过元初人商正叔的改编而更趋完善。在《青楼集》中还特别提到了元代善唱诸宫调的艺妓赵真真、杨玉娥、秦玉莲、秦小莲等，由此可见元代艺术中诸宫调仍是非常重要的品种。

元代诸宫调的题材相当广泛，除以上提到的爱情、生活题材外，还有历史故事类，如元初人石君宝的杂剧《诸宫调风月紫云亭》中提到的《三国志》、

《五代史》、《七国志》等。

元代留传下来的诸宫调,现只剩王伯成的《天宝遗事诸宫调》残本,讲唱唐明皇与杨贵妃的故事。

官营手工业膨胀

中国历代王朝都直接控制着一部分手工业品的生产,以满足皇室、军队与各级官府对生活品、军需品、工业品及各种奢侈品的需求,被称之为官营手工业。元朝的官僚机构十分臃肿,统治阶级极端奢侈,官营手工业的生产量很大,行业急剧膨胀。

元代官营手工业的门类众多,据《经世大典序录·工典总序》所载,大致有官苑、官府、仓库等22项,建筑业是其中最重要的领域,其次是工艺品及其他手工业生产。为了满足大量的手工业品及各种需求,从业者十分众多,队伍很庞大,资料显示元灭南宋后的至元十三年(1276年),从江南一次就签发工匠30万户,3年后又在北方签发42万工匠,虽后来又有所分拣淘汰,但数量仍然十分可观。在这种情况下,元廷为了加强管理,建立了历代罕见的严密而庞大的组织机构。工部、将作院、武备寺、储政院、大都留守司以及各地方官府等,各有所属,各自为政。中央工部掌百工政令,负责城池修浚、土木建筑、原材料调拨供应、工匠管理、局院工匠官员的选任等。其下属机构有诸色人匠总管府、诸司局人匠总管府、提举右八司、提举左八司、诸路杂造局总管府、茶迭儿局总管府、大都人匠总管府、诸路诸色民匠都总管府、提举都城所、符牌局、撒答剌欺提举司等。其下又设众多司局院所,具体负责绘画,塑造佛像,制蜡,铸铜,制金银器皿,琢磨玛瑙玉器,制造毡毯皮件等等。另外,还有许多窑场、木场等。武备寺掌兵器制作,下辖兵器库与各地军器大匠提举司数十处。此外,皇太子名下的储政院,后妃名下的中政院,以及各地方官府还有众多的手工业局院,进行各种专门性生产。

元代官营手工业的原料大部分是官府组织开采或征集的。山林川泽之产一向为国家所垄断,金、银、铜、铁等矿产,竹木等林产,都由政府组织人力开采和砍伐,各种丝料及农产品、畜产品等,主要依靠赋税形式无偿征集。

另外还有强买和进贡等征集方式。

官营手工业的工匠最初来自战争的俘虏，实际上就是奴隶，在灭金和宋的过程中又接收和拘收了大量工匠。这些工匠由政府直接控制，列有专门的户籍并子孙承袭，受着残酷的剥削和压迫，生活十分悲惨。经济乃至武装斗争时有发生，逃亡更是层出不穷。而且由于管理的腐败，各级官吏利用职权克扣原料，冒支工粮，贪污，及夹带私造。官营手工业的产品不进入流通领域，不属于商品生产，不受价值规律的约束，因而生产落后，效率低下，是生产力的一种极严重的浪费。

黄公望为元四家之冠

黄公望、倪瓒、王蒙和吴镇，被称为"元四家"，他们都是元代中后期生活在江浙一带，醉心于山水画创作并卓有成就的文人画家。

元四家远师五代董源、北宋巨然，并在不同程度上受到赵孟頫的影响，重笔墨，尚意趣，讲究画与书法诗文的结合，是元代山水画的主流。他们多以江南山川风物为题材，画风、技法各有特色，形成了各不相同的意境和艺术语言，都能自成一家：黄公望的画意超迈苍秀，疏松苍逸；倪瓒的画格简淡冷寂，荒寒清旷；王蒙的画韵深秀苍茫，繁茂浑厚；吴镇的画风则沉郁清俊，朴茂湿润。四家中以黄公望最年长，成就最高，对后世特别是明、清文

《九峰雪霁图》轴，为黄公望 81 岁时所作。

人画影响最大，被称为"元四家之冠"。

黄公望（1269~1354年），字子久，号一峰，汀苏常熟人。本姓陆，名坚，幼时承嗣黄家，有"黄公望子久矣"之语，因名公望。少有神童之誉。早年曾任浙西宪史，入大都后在监察史任书吏，因受株连入狱，出狱后入全真教，浪迹虞山、富春江一带以卖卜为生。他雅好书画、音律和散曲，尤以山水画冠绝一时，取董源、巨然的"平淡天真"，又得赵孟𫖯主"古意"，并且细心观察自然，常"袖携纸笔，凡遇景物，辄即模写"，终于在晚年卓然成一大家，成为元山水画最负盛名的一位。

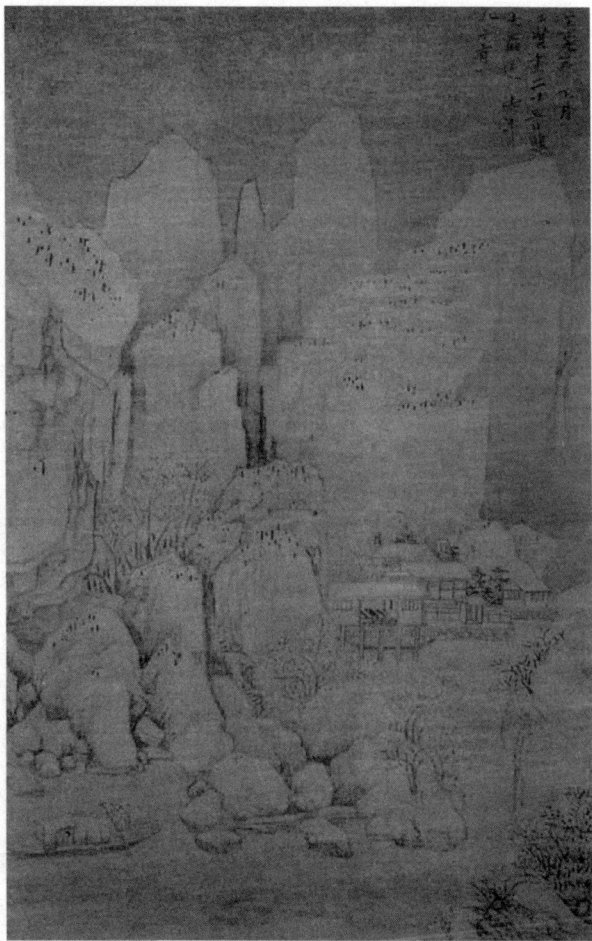

黄公望的《剡溪访截图》轴，此图所画为王子猷雪夜至山阴剡溪访戴安道的故事，见《世说新话·任诞篇》。全图笔墨简澹。

黄公望以疏体写江南烟岚山川，喜用长披麻皴皴擦坡、石，笔墨枯淡而不减华滋，意态俊朗而脱去羁绊，画中常以淡赭、花青微染，更显空灵疏秀，使线绛山水走向成熟。他著有《写山水诀》总结其绘画经验和理论，对山水树石的笔墨、设色、布局、结构、意趣等都有精辟论述，被认为是得宋山水画理论的真传，对明清山水画的创作和理论都有深远的影响。他的艺术风格受到明代董其昌的极力推崇，致使在清代出现"家家子久，户户大痴"的局面。

133

黄公望的画实践了他的艺术观,今传有《富春山居图》卷、《天池石壁图》轴、《九峰雪霁图》轴和《玉树丹崖图》轴等,其中以《富春山居图》卷最为著称,此画历经数年,从至元四年(1338年)直到至正四年(1344年)方始完工,描绘了富春江两岸的烟云、山峦、杂树、沙渚和村舍,展现了百里富春苍茫明洁的深秋风光,凝聚着在远离尘世后对江南山川的钟爱之情;干淡疏朗的大小披麻皴写出了富春土质山的地貌特征,呈现出空旷萧散、深邃渺远的艺术境界,是黄公望水墨山水画的杰作。

元四家中的倪瓒(1301～1374,一作1306～1374),崇尚疏简画法,以天真幽淡为趣,能脱出古法,别开蹊径;所作多取材于太湖一带景色,疏林远岫,浅水遥岑,章法极简,墨色淡简却没有纤细浮薄之感,力求神似。这种"简中寓繁"的风格对明清两代文人画影响极大,明代江南人家以有无倪画来判清浊和雅俗。主要传世作品有《雨后空林图》、《渔庄秋霁图》轴、《六君子图》轴等。

王蒙(1308～1385年),乃赵孟頫外孙,家学渊源,绘画工人物,尤擅山水,得外祖点拨,更参酌唐宋诸家,师法造化而独具面貌,喜欢用枯笔干皴,创牛毛皴,皴法简练成熟。他的山水布局满而不壅,密而不塞,用笔繁复而富于层次感和空间感,善于表现江南山川的温润感,创造出蓊郁深秀、苍茫幽致的境界,如《青汴隐居图》轴、《夏日山居图》轴、《葛稚川移居图》轴等,都体现这个特点。

吴镇(1280～1354年),一生清贫,为人抗简孤洁,擅画水墨山水和墨竹,善于用湿笔表现山川林木的郁茂景色,笔力雄劲。技法容纳南宋骨体,但又舍弃刚劲而趋于温润,独树一帜,明代沈周、文征明等人多以他为师,传世

黄公望的《富春山居图》卷(部分)

作品主要有《秋江渔隐图》、《渔父图》，《竹谱》等。

以黄公望为首的元四家，在思想上皆远离元代贵族统治阶层，在艺术上倡导"自娱"和"山气"，实践了文人画诗、书、画相融的理论，标志着文人画的进一步成熟，明人王土贞称之为山水画史上的"一变"。元四家极大地影响了明、清文人画的审美趣味。

赵孟頫影响江南画坛

赵孟頫的地位和艺术造诣使他成为元代画坛的中心人物，很多画家与他都有师友关系，他的绘画实践和艺术主张集中体现了元代文人画在继承宋金基础上的新发展，对当时和后世绘画都有巨大的影响。尤其是江南画坛，受他影响的山水画家更是为数众多，有的得到他亲授，有的受他的举荐而入仕，如曹知白、朱德润、唐棣等，在传承北宋李成、郭熙的笔墨和艺术风格上取得了突出的艺术成就。

唐棣（1296 ～ 1364 年）字广华，幼有"神童"之誉，是浙江湖州人，曾得到赵孟頫亲授，官至吴江知州。他吸取了北宋山水画的坚硬笔法，画风清朗华润，擅在画中点缀人物，表现江南的渔家之乐。代表作为《霜浦归渔图》轴

吴镇的《芦花寒雁图》轴。图中芦苇、渔舟用细笔勾描，远树滩头随意点染，笔法灵活，水墨湿润，意境幽深。

中华文化走向世界

吴镇的《芦花寒雁图》轴。图中芦苇、渔舟用细笔勾描，远树滩头随意点染，笔法灵活，水墨湿润，意境幽深。

唐棣的《松荫聚饮图》轴，生动地表现村民野老酒酣兴豪的生活乐趣。此图岗峦坡石笔墨圆润婉和，颇有赵氏遗法。

和《雪港捕鱼图》轴。

曹知白（1272～1355年）字贞素，号云西，华亭（今上海松江）人，为江南巨富。他的山水画受赵孟頫影响极深，趋向北宋李成和郭熙的寒林笔意，兼得董、巨笔韵，画风疏秀清雅，笔墨简洁枯淡，常画松自比品性高洁，如《双松图》轴和《双松平远图》轴；也擅长画庭院内外的风光，如《群峰雪霁图》和《疏松幽岫图》等。

朱德润（1294～1365年），字泽民，号睢阳散人。早年受赵孟頫举荐做官，

英宗死后隐居 30 年。其画承赵孟頫的文人意趣，多写文人学士在山林里的游赏闲居和雅集活动，所画林木疏秀苍润，笔势劲逸奔放，如《秀野轩图》卷、《松溪放艇图》卷和《林下鸣琴图》轴等。

此外，师从赵孟頫，受他影响的画家还有陈琳、郭界、张雨等，而以元四家的艺术成就为最高。

倪瓒的《竹枝图》卷。一枝新竹向上倾斜，疏疏朗朗，秀嫩可爱。用笔潇洒，构图新奇。

1361 ～ 1367A.D.

元朝

1361A.D. 元至正二十一年

二月，朱元璋立盐法、茶法，又置宝源局，铸大中通宝钱。八月，朱元璋大举攻陈友谅。

1362A.D. 元至正二十二年

三月，明玉珍称皇帝，国号夏。四月，大兴工修大都宫阙。

1363A.D. 元至正二十三年

二月，张士诚遣将攻安丰，三月破之，杀刘福通。朱元璋至安丰，破张士诚兵。

八月，陈友谅中洗矢死，其子理奔还武昌嗣位。

1364A.D. 元至正二十四年

正月，朱元璋称吴王，置百官，仍用韩林儿龙凤年号。

1365A.D. 元至正二十五年

七月，右丞相孛罗帖木儿被杀，皇太子还大都。

1366A.D. 元至正二十六年

二月，明玉珍死，子明升嗣。八月，朱元璋大举攻张士诚。

十二月，朱元璋命人迎韩林儿于滁州，至瓜步，韩林儿被沉于江。

1367A.D. 元至正二十七年

正月，朱元璋始称吴元年。

九月，朱元璋部破苏州，俘张士诚，士诚自缢死。罢王保保军职。朱元璋遣徐达等北取中原，传檄远近。

十一月，朱元璋部取庆元，方国珍入海岛。

1361A.D. 奥托曼土耳其人占领哈德良波利斯，获得有利战略地位，可以控制君士坦丁堡。

丹麦第一次汉撒战争发生。汉撒同盟以瑞典人之助，获得胜利，陷首都哥本哈根。

1362A.D. 英格兰议会通过法案确立英格兰语文为法庭使用之语文。

1363A.D. 丹麦伐德美尔于去年获得海战胜利后，今年迫使汉撒同盟接受和约。

1364A.D. 奥托曼土耳其人牟拉德一世在马里乍河畔，大败匈牙利、波兰及波斯尼亚、塞尔维亚与保加利亚诸王之联军。

1367A.D. 汉撒同盟召开大会于科隆，77 个城之代表到会，准备与丹麦战争。

明玉珍称帝建国大夏

在大汉陈友谅灭亡之时，另一支反元义军明玉珍的势力正在崛起。明玉珍，随州（湖北随县）人，地主出身。至正十一年（1351年）农民起义风起云涌，明玉珍集乡兵千余，结寨自保。至正十三年（1353年）投归徐寿辉，加入天完红巾军，任统军元帅镇守沔阳。十七年，率军万人入蜀攻克重庆，擒元四川行省左丞哈麻秃。十八年，克嘉定，杀四川行省右丞完者都，占领成都。

之后，陈友谅在采石矶杀死徐寿辉，建汉国，改元大义，自称皇帝，且命明玉珍出兵助攻朱元璋。明玉珍不理，派兵扼守夔州，断绝与陈友谅的关系。又立徐寿辉之庙于重庆城南，春秋奉祀。至正二十一年（1361年）称陇蜀王。

图为秃黑鲁帖木儿玛扎。这是察合台汗的秃黑鲁帖木儿汗的陵墓，位于新疆霍域，建于1363～1369年。玛扎的平面为长方形，前部有高大宽敞的尖拱式门廊，后部覆以圆形窟窿顶，高达11米。正立面的拱券和两边的伊斯兰教经文，均用蓝、绿、褐、白琉璃砖拼砌饰面，图案达20种之多。整个墓室装饰丰富，造型简洁，色彩鲜明，是新疆早期伊斯兰建筑的典型。

次年三月，正式称帝，国号大夏，年号天统，建都重庆。夏朝政权建立后，明玉珍开始分兵遣将，向四周拓疆。天统元年五月遣将万胜攻汉中，次年（1363年）又命万胜领兵攻云南，二月，攻克行省治所中庆路。三年，万胜攻兴元，围城3日，不克而返。从此以后，明玉珍安心于割据四川，很少出川用兵。天统五年（1366年）春病死。

139

藏族佛教大师布敦去世

至正二十四年（1364 年）四月，藏族佛教大师布敦去世。

布敦，名皇成，又名辇真竺，乌思藏人。西藏佛教迦举派学者，翻译家。其父是宁玛派高僧，自幼从母学习佛经，18 岁出家为僧，此后遍访名寺高僧，潜心研习佛法，博览佛教经籍，并掌握了克什米尔及东、西印度的文字，翻译了大量佛经，学识极为渊博。布敦长期主持霞炉寺，并首次编纂成藏文大藏经《丹珠尔》目录。著作今存 200 余种，其中《善逝教法史》（一译《吐蕃佛教渊流》）为西藏较早的佛教通史，与《红册》同为元代藏两大史学名著。他提出了藏译佛教文献的分类法，所编《大藏经目录》等，成为后世各版藏译《大藏经》的依据，是研究印度和我国西藏佛教的重要史料。

《图绘宝鉴》编成

至正二十五年（1365 年）七月，松江人夏文彦编成《图绘宝鉴》。全书凡 5 卷，末附补遗 1 卷。

夏文彦是美术史家，字士良，号兰清生，吴兴（今属浙江）人。他在本书第 1 卷中主要阐述画论，其论多沿袭前人之说，其他各卷，记述自三国至元代 1500 余名画家的生平。元以前的画家多录自《图画见闻志》、《历代名画记》、《宣和画谱》等书。第 5 卷中有关元代画家的记载，是取自此时的著作和作者本人的亲身见闻，因此，元代部分价值最高，也是《图绘宝鉴》最有价值的一部分。

《南村辍耕录》刊行

顺帝至正二十六（1366年）六月，陶宗仪所著《南村辍耕录》30卷付梓刊行。

陶宗仪，字九成，号南村，黄岩（今浙江黄岩）人。陶宗仪从小苦读，博览群书，工诗文，善书画，著述甚丰，尤谙熟元朝典故。元末兵乱，张士诚据吴，陶宗仪隐居松江华亭闭门专心著书。常于耕作之余，采前人笔记所载及同时代人著作，录亲身所见所闻，随手札记，积以成帙。其弟子汇集整理，得精萃之作580余条，汇编成《南村辍耕录》一书。上至帝王世系，下至民间琐事无所不收。

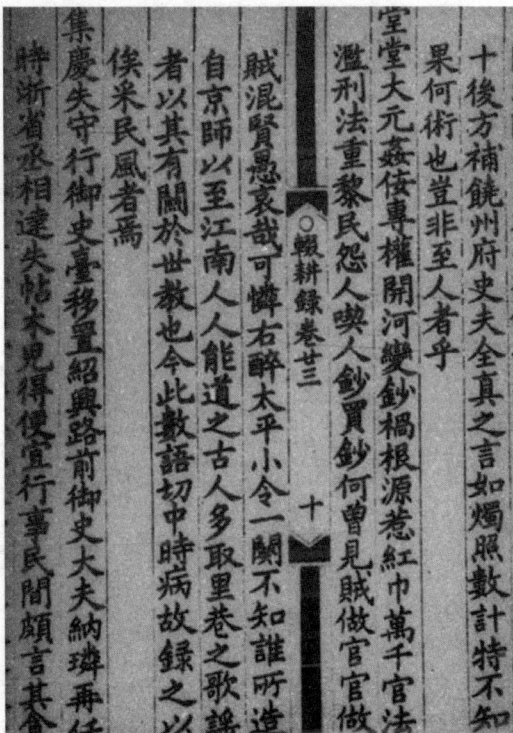

《南村辍耕录》书影

该书对元朝的典章制度、掌故、东南地区反元战争等都有较详细的记载。对于书画、戏曲、诗词、医学等方面也有记述和考证。是现存元人笔记中最丰富的一部，是研究元代历史和文化的重要史料。陶宗仪一生著述颇丰，除《南村辍耕录》外，尚有《说郛》、《书史会要》、《沧浪擢歌》、《草莽私乘》、《四书备遗》等多种。

元税繁杂

元代赋税制度的显著特点表现为名目繁多和南北、内地与边疆、不同户籍之间差异性较大两个方面。

太宗窝阔台八年（1236年），北方的税粮制度开始实行，忽必烈继位后作了一些调整，世祖至元十七年（1280年）最后确定下来。

元代把民户按不同职业进行分类使其承担不同的赋税，北方税粮分丁税和地税两种。

太宗窝阔台八年规定的地税额是上田每亩交税3升半，中田3升，下田2升，水田5升。忽必烈继位后的至元元年（1264年）改为白田每亩3升，水田每亩5升。至元十七年（1280年）取消了水、旱地差别，一律为每亩3升。规定工匠、僧、道、也里可温（基督教徒和教士）、答失蛮（伊斯兰教士）、儒户等，根据所有土地多少交纳地税；军户、站户占有的土地超出4顷，其超出部分按亩纳地税。

至元十七年（1280年）规定的丁税税额是全科户（纳全额丁税）的民户每丁纳粟2石，减半科户每丁1石，协济户（原无成年人丁的民户）和减半科户相同，对于新收交参户（过去括户时未曾入籍，后迁徙他乡在当地重新登记的民户）规定了历年的纳粮额。交纳丁税的人包括官吏、商贾、普通民户等。在实际缴纳时，又加征名目繁多的附加税，如鼠耗、分例等，有时附加额比正额还多。

在江南地区，仍沿袭南宋的二税制，秋税征粮，夏税征收实物或钱钞。不同地区和土地等级税额差别很大。多的达三四斗，少的仅一二升。元贞二年（1296年）后，在浙东、湖广、福建等地开始按土地等级摊派实物，有的则将实物折合成钱征收。

税粮之外还有科差这种向普通民户征收的赋税，北方主要征收丝料、包银和俸钞，南方主要是户钞。

太宗窝阔台八年（1236年）规定，每2户出丝1斤上缴官府，每5户出丝1斤缴于投下。每户共需交纳丝11两2钱，称"二五户丝"。中统元年（1260年）后，忽必烈又有所更改，名目更为复杂。

包银征收开始于宪宗蒙哥时期，每户4两，2两为银，2两折为丝绢、颜色等实物。中统四年（1263年）年后改为一律输银，并对各种民户作了不同规定。1267年开始在包银之外，每4两加收1两俸钞，作为诸路官吏的俸禄。至元二十年（1283年）后，江南地区也开始征收相同性质的科差。

元代税粮、科差是赋税的两大主要内容，此外还有各种课税，如盐课、茶课、酒醋课、市舶抽分、金银铜铁课等名目。另有商税和额外税，名目十分繁多而杂乱。其所实行的和雇和买的征集物质和劳役的方式，表面看来是很公平的钱物交易，实际执行起来就成为一种强制性的民众普遍承担的变相赋税和差役。和买实际上给钱很少或一文不给，成为王公贵族和各级官吏榨取财富的手段。名目更其繁杂的差役更成为人民的一项极为沉重的负担。

元代赋税制度的繁杂，无不直接或间接地激化阶级矛盾，成为其统治不稳定的一大因素。

江南金银器发达

元朝统治者为了满足炫耀权势和财富的需要，在以苏州为中心的长江下游地区大力发展金银器手工业。其时，金银器加工工艺极为高超，不仅应用广泛，数量巨大，而且形成了一股历代王朝无法比拟的繁盛风气，直接导致江南金银器的发达。

元朝的金银器加工包括官营作坊和民间私营作坊两大部门。作为硬通货，它既可保值，又具有装饰的功效，得到充分认识并受到统治

"文王访贤"金饰件

者和民间的极大重
视，促使了金银加工
工艺的极大进步。其
加工工艺手法非常丰
富，有铸造，镀金，
冷锻，泥金，镂金，
撺金，戗金，圈金，
贴金，裹金，嵌金等
多达 10 几种。有些
器皿还刻有工匠的姓
名，说明这些器物已
经进入商品流通领
域。

鎏金花瓣式银托、盏

　　从出土的元朝金银器实物来看，地点集中在以苏州为中心的长江下游一带，其中最精美的是江苏吴县吕师孟夫妇墓的 30 多件金银器。其如意纹金盘，经锤镍镌刻而成，金盘由 4 个隐起的如意云头相叠而成，中心又锤镍 4 个如

镀金团花凤纹银盒

意云头。通体錾阴线缠枝纹，造形别致，錾精美。镀金团花双凤纹银盒上的双凤纹，旋转飞舞，生动流畅。另一浮雕文王访贤故事的金饰件，构图紧凑，人物传神，富于戏剧性，装饰性也很强。

江苏无锡钱裕墓中出土的大量金银器中，鎏金花瓣式银托、盏，犹如盛开的牡丹，生机盎然，有无限的生命力，非常具有时代特色。

1966年在江苏金坛湖溪发现的装于元代青花云龙罐中的金银器，有许多勒铭者，对研究元代金银器及工艺的发展有极重要的参考价值。它们做工精美，许多足以代表江苏地区金银器工艺的尖端水平。

银架。为放置铜镜而设计，既可立放，又可折合，式样新奇，制作精细。

元代金银器在形状、纹样等方面与元青花瓷很相似，表现了其时代精神。

著名匠人朱碧山的代表作——银槎杯，流传久远，表现出文人趣味，说明文人艺术对工艺美术的影响开始变得强烈。

以上一切，无不说明元代以苏州为中心的江南一带金银器制造业及工艺水平极为发达。

元廷内讧孛罗帖木儿被杀

元末农民起义的爆发，各地军阀割据势力的崛起，导致元廷的内讧，孛罗帖木儿就是在这种情况下被杀的。

元至正十四年（1354年）高邮之战，元军主力部队被击败，农民起义军攻势更加凌厉，随之，割剧各地的军事力量开始称雄内斗。察罕帖木尔聚众与信阳罗山人李思齐合兵从红巾军手中夺取罗山。

至正十五年（1355年）移兵黄河北，屡败红巾军，受命守御关陕、晋冀，李思齐则盘据陕西凤翔，与占据鹿台的张良弼等相抗。至正十一年（1351年），答失八都鲁率部东出四川，招募"义兵"，先后击败北琐，南琐红巾军。十四年，总制荆襄诸军援河南汝宁。十七年，答失八都鲁病死，子孛罗帖木儿继领其军。十九年，红巾军关先生、破头潘北上攻大同，元廷命孛罗帖木儿自河南移兵驻大同，不久他便与据晋冀的察罕帖木尔为争夺地盘发生冲突。二十年，妥欢帖木尔下诏以后岭关为界，孛罗帖木儿守关北，察罕帖木尔守关南，不得相侵犯。但双方均不受朝命约束，继续攻战不休。后由于皇室内讧严重，于至正二十五年（1365年），妥欢帖木尔命亲信威顺王子和尚德壮士金那海等6人，挟刀在衣中，伺立迎春门内，早朝时孛罗帖木儿经迎春门遂被杀。随即又下令尽杀其部党。孛罗帖木儿被杀后，元廷内讧继续进行，扩廓帖木儿、张良弼、李思齐、脱烈伯等军阀之间又进行了几年的相互混战，至至正二十八年，明军攻战了山东、河南，后又攻克通州，此时，妥欢帖木尔父子便北走上都，元廷基本被葬送。

元修上都宫殿

上都宫殿因起火烧毁之后，元顺帝起初下令重建大安、睿思二阁，但因危素极力谏阻而停止。

至正二十二年（1362年），元顺帝下诏禁止诸王、驸马、御史台各衙门，不许占匿人民不当差役，以便大兴工役修上都宫殿。

大规模修葺上都宫殿，耗费了大量民力物力，加重了人民的负担，激发了阶级矛盾，导致农民起义不断。

中国丝瓷流行全世界

元代，中国的对外交通四通八达，除了通西域及中亚地区的陆上"丝绸之路"外，还发展了海上"丝绸之路"，形成了一些颇具规模的东方大港如泉州，航线直抵世界各地，东起日本、高丽，西到东南亚，还通过印度洋伸向地中海沿岸世界。交通的发达带动了对外贸易的繁荣，外销商品的品种丰富多彩，包括铜、铁、铅、锡、茶叶、砂糖、绢帛、瓷器等等，其中又以丝绸和瓷器的比重最大，形成了一股丝绸和瓷器的输出洪流。

元末明初有影响的书家危素的《陈氏方寸楼记》，乃其为陈贵所居的"方寸楼"撰并书的记文。其书楷法精谨，风格朗秀。

中华文化走向世界

中国丝绸与外部世界的交往开始还仅仅局限于官方的馈赠，如向高丽统治者赠送西锦、彩绫和各种丝织物；元朝使者曾到达开罗，向马木鲁克苏丹纳赛尔·穆罕默德·伊本·加洛赠送 700 匹花锦，其中每批上都印有苏丹的尊号；1341 年，元朝使者到达德里，向苏丹阿布·木札布德·穆罕默德赠送花缎 500 匹。官方馈赠的各种丝绸以其品种的繁多和花色的

元青白釉透雕戏台式枕，是研究元代陶瓷造型艺术和宋元杂剧艺术的重要实物资料。

丰富在当地受到极大的欢迎，由此开始了广泛的民间丝绸贸易，中国丝绸在世界各地行销无阻。在亚洲，日本畅销唐锦、唐绫、金阑、金纱，印度风行南丝、五色锻、青锻、五色绢、五色绸缎、白丝，印度尼西亚热衷于色绢、青缎、五色缎、水绫丝布、红丝布、青丝布、绸绢，而南北丝、草金锻、山红绢、丹山锦、丝布则风行于缅甸各地；在非洲，中国丝绸的销售大大超过原来当地销售的印度及阿拉伯织物，只要可以通航的地区，就有中国丝绸的足迹，如五色缎和细绢在肯尼亚，锦缎和五色绸缎在埃及，还有南北丝和绸绢在坦桑尼亚，无不狂销当地市场，深受当地人的欢迎。

除丝绸外，另一项大宗中国商品便是瓷器，并大有超越丝绸销售的趋势，成为外界认识中国的一个窗口。在所有外销瓷器中，以龙泉系青瓷数量最多，行销范围最广，其次就是景德镇和广东、福建制造的青白瓷和白瓷，还有少量的建阳、吉州产的黑瓷。中国瓷器在行销各地最大的用处是作日常用品，在很多国家特别是经济尚不太发达的东南亚各国及非洲沿海各国，居民们用它来充当餐具、饮具、贮藏器和容器，其中最普遍的还是餐具，各种外销瓷

碗包括花碗、青碗和粗碗，成为越南、印度尼西亚、新加坡、缅甸、肯尼亚、坦桑尼亚等众多国家居民的日常餐具。另一个用途是装饰，由于制作工艺的精致，一些富贵人家把它们当作工艺品摆在客厅里，或收藏在宫殿内。如土耳其的塞拉里奥宫，就收藏有 13 世纪以来的中国瓷器 8000 件，其中元代青花瓷器 80 件，品种有盖罐、葫芦瓶。

中国丝绸和瓷器在世界各地的行销，一方面促使了与世界各国的贸易交流，另一方面还促进了各国与中国的文化交流，提高了中国在世界上的地位和威望。

声乐专著《唱论》成书

元代，声乐专著《唱论》成书。

《唱论》是专门讲述声乐艺术理论的专著。在我国，声乐艺术理论出现很早，据《乐记》记载，春秋时期乐工师乙曾向子贡谈到人的性格与唱歌曲目类型的关系。元代，则《唱论》成书，它是在艺术高度发展的基础上形成的。

按照《唱论》本身的记载，作者是燕南芝庵。燕南应该是籍贯，芝庵可能是芝庵斋，即指庵室，而作者的真实姓名和生平事迹史书没有明确记载。由于《唱论》最初附刊在元代散曲总集《阳春白雪》的篇首，因此可以肯定是元代著作。

《唱论》的篇幅并不长，也没有分卷。内容绝大部分是十分具体的声乐方法，可能是根据演唱实践和技艺传授过程中总结出来的检验条文。但是这些条文过于简单，并且杂有不少方言俗语和专业行话，令今人难于理解，当然有些原则今天看来仍不无裨益。除了列举具体的声乐方法，《唱论》还提到古代善唱者三人，知音律帝王五人，道、僧、儒三家所唱特点以及"大忌郑卫淫声"等史实和论点。

《唱论》特别强调人声的自然和动人魅力。它引用了晋人"丝不如竹，竹不如肉"的观点，对后世影响深远。此外还引用了白居易诗里表露的观点："取来歌里唱，胜向笛中吹。"

关于宫调，《唱论》指出在当时就有 6 宫 11 调，即有 17 宫调之分，并

元代墓室壁画《探病》

且各有特性。此外，《唱论》指出：要掌握歌曲的不同格调、节奏；注意歌声的起始、过渡和收尾；注意声腔的丰富多彩和换气的各种技巧；在技艺传授中，要区别受教者的声音及性格特点，要扬长避短，做到恰如其分；等等。这种在实践中深刻观察的成果，对今天的声乐教学仍很有价值。

《唱论》指出歌唱艺术要多练，所谓"词山曲海，千生万熟"，是十分正确并且具有很强的现实意义。

朱元璋北伐

朱元璋为了彻底推翻元朝，乘红巾军刘福通北伐基本摧毁元主力军的有利时机，于至正二十七年（1367年）十月，下达了北伐的命令。同时，为了争取人心，还提出了非常有号召力的口号，北伐檄文提出："驱除胡虏，恢复中华，立纲陈纪，救济斯民。"并向蒙古人和色目人提出："有能知礼义愿为臣民者，与中夏之人抚养无异。"这个口号的提出对北伐的顺利进军起了很大的推动作用。

朱元璋命中书右承相、信国公徐达为征讨大将军，中书平章政事、掌军国重事的常遇春为副将军，率军 25 万人，由淮河入黄河，北取中原。徐达

军至淮安，便遣使招谕沂州王宣及其子王信。王信投降，吴王遣使授王信为江淮行省平章政事，其部下皆仍旧职，令其军马听徐达指挥。后来徐达占据沂州后，王信逃至山西，于是峄、莒、海州、日照、沂水等地皆来降。接着徐达又攻克寿光、临淄、高苑等地。山东诸州县尽为朱元璋军所占据。至正二十八年（1366 年）二月，朱元璋的军队乘胜夺取河南。不到一月又克通州，元惠宗妥欢帖木尔只得携带家眷及宫廷官僚北走上都。八月二日，徐达师入大都，北伐取得了胜利，元朝火亡。元顺帝逃到上都后，多次指挥军队反扑大都，均未成功，于洪武三年（1370 年）在应昌病死，子爱猷识礼达腊继位，携残部退到塞外和林一带，史称北元。

戏曲《赵氏孤儿》写成

　　元代杂剧作家纪君祥，曾写成一部最早传到欧洲、备受喜爱的悲剧剧作《赵氏孤儿》。

　　纪君祥，生卒年不详，大都（北京）人，与李寿卿、郑挺玉同时，著有杂剧 6 种，流传至今的仅《赵氏孤儿》一种及《陈父图悟道松阴梦》残曲。

　　《赵氏孤儿》故事本事来源于《史记》，写春秋时晋国上卿赵盾遭受大将军屠岸贾陷害，全家被杀 300 多人，一不到半岁的婴儿被门客程婴救出，这就是剧中赵氏孤儿。

　　为了保护他，晋公主、韩厥、公孙杵先后被害，程婴以自己的儿子作替身，终于保全了赵氏孤儿。20 年后，程婴向已长大成人的赵氏孤儿讲述了以赵家冤案为内容的图画，赵氏孤儿立志杀屠岸贾以报家仇。这出杰出的悲剧，以悲壮的基调，歌颂了剧中人物为了正义前仆后继的牺牲精神和向邪恶势力复仇的意志和勇气，尤其是其中为挽救无辜的受害者而与邪恶抗争的自我献身精神，十分悲壮，动人心弦。而且全剧曲词中，纪君祥将其心灵深处所隐藏的元灭宋后民族歧视政策控制下的恢复亡宋的情绪熔铸其中，倾注了激烈愤懑的感情，使充溢字里行间的悲剧气氛被渲染得更为浓郁。

　　剧中浓厚的封建宗法思想正是当时蒙元民族歧视政策蹂躏下汉民族精神上的不解之结，从而也构成了这部剧作广泛流传并深受人们喜爱的原因之一。

《赵氏孤儿》是第一部被译介到欧洲的中国剧作，受到许多学者的高度赞扬。

龙阳子著《修龄要指》

《修龄要指》是元代的导引养生著述，作者为冷谦，字启敬，别号龙阳子。

《修龄要指》内容包括四时调摄、起居调摄、六字诀、四季却病歌、长生一十六字诀、十六段锦法、八段锦法，导引歌诀，却病八则等9部分。"四时调摄"是依四季叙述易发病症和防治方法；"起居调摄"是保健体育；"六字诀"系指嘘肝气诀、呬肺气诀、呵心气诀、吹肾气诀、呼脾气诀、嘻三字诀，作者对此尤为重视；"四字却病歌"是将六字决入四季之中，述其功效；"长生一十六宁诀"指"一吸便提，气气归脐，一提便咽，水火相见"。作者称之为"至简至易之妙决也"；"十六段锦法"和"八段锦法"皆为导引动功。尤其八段锦法与宋代之八段锦不同。宋代之八段锦为站式，这里所载为坐功，但有连续的肢体动作，并配合鼓漱、咽津、按摩等多种方法，反映出内丹功法对导引动功的影响；"导引歌诀"和"却病八则"皆为简便易行的导引方法，"导引歌决"以五字为句，每句附解释和口诀，说明功法和内容，"却病八则"亦为导引与按摩结合的功法，并附有所治之症。

《修龄要指》是元代重要的导引养生著作。它内容丰富，用辞浅显，习练者易学易练。而其所述的功法，对元以后的导引发展有重要的影响。